El ritual de la serpiente

El ritual de la serpiente
Aby Warburgw
Epílogo de Ulrich Raulff
Traducción de Joaquín Etorena

Todos los derechos reservados.
Ninguna parte de esta publicación puede ser reproducida,
transmitida o almacenada de manera alguna sin el permiso previo del editor.

Título original
Schlangenritual. Ein Reisebericht

Copyright © THE WARBURG INSTITUTE LONDON, 1988

Epílogo e ilustraciones
© VERLAG KLAUS WAGENBACH BERLIN, 1988

Primera edición: 2022

Traducción
© JOAQUÍN ETORENA

Copyright © EDITORIAL SEXTO PISO, S. A. de C. V., 2022
América 109
Colonia Parque San Andrés, Coyoacán
04040, Ciudad de México

SEXTO PISO ESPAÑA, S. L.
C/ Los Madrazo, 24, semisótano izquierda
28014, Madrid, España

www.sextopiso.com

Diseño
ESTUDIO JOAQUÍN GALLEGO

Impresión
COFÁS

ISBN: 978-84-18342-77-6
Depósito legal: M-31812-2021

Impreso en España

EL RITUAL DE LA SERPIENTE

ÍNDICE

IMÁGENES DE LA REGIÓN DE LOS INDIOS
PUEBLO DE NORTEAMÉRICA   11

EPÍLOGO
Por Ulrich Raulff   69

IMÁGENES DE LA REGIÓN
DE LOS INDIOS PUEBLO DE NORTEAMÉRICA

Como un viejo libro enseña,
Atenas y Oraibi son parientes.

Soy consciente de que, si en el transcurso de esta tarde he de presentar y comentar las fotografías que en su mayoría tomé yo mismo durante un viaje que realicé hace veintisiete años, tal empresa requiere una explicación. Sin embargo, dado que no he podido refrescar y repasar adecuadamente los viejos recuerdos durante las pocas semanas disponibles, mis posibilidades de poderles brindar una introducción realmente sólida acerca de la psique de los indios es ciertamente limitada.

A lo dicho se suma que durante aquel viaje no me fue posible profundizar en mis impresiones, porque entonces aún no dominaba la lengua de los indios. He aquí la razón por la que resulta tan difícil realizar trabajos sobre los pueblo:[1] estos hablan, por lo cerca que viven unos de los otros, tantas y tan diferentes lenguas, que hasta los investigadores norteamericanos tienen grandes dificultades para aprender una sola de ellas.

Además, dado que este viaje estuvo limitado a unas cuantas semanas, no se dieron las condiciones adecuadas para reunir

---

[1] Nombre con el que desde el siglo XVI se denomina a los indígenas sedentarios que viven en la región árida al suroeste de los Estados Unidos, mayoritariamente en Nuevo México y en Arizona. El nombre de esta civilización surgió por la necesidad de distinguirlos de los indígenas nómadas de la zona, ya que los indios pueblo habitaban en pueblos formados por casas de adobe y de piedra. Los pueblo fueron descubiertos por el padre Marcos de Niza durante la expedición de Francisco Vásquez Coronado en 1540-1542, aunque recientes investigaciones arqueológicas calculan la colonización de la zona de Nuevo México por estas tribus hacia el año 1000 d. C. De las aproximadamente noventa tribus pertenecientes a estos indígenas, hoy persisten alrededor de veinte en las reservas de dicho territorio. A la tribu de los acoma pertenecen los oraibi, tribu en la que se centra el presente relato. Las tribus están agrupadas en lenguas más o menos afines: tigua, tao, jemez, tewa, piro, keresan y zuñi. En la actualidad, los pueblo están representados oficialmente por el *All Pueblo Council*, aunque entre las diferentes tribus existen importantes diferencias históricas, económicas y culturales. [N. del T.]

impresiones realmente profundas. Teniendo en cuenta, además, que estas se han difuminado ligeramente, no puedo prometerles más que el relato de mis propios pensamientos sobre estos recuerdos lejanos, con la esperanza de que el carácter inmediato de las fotografías les permita obtener, por encima de lo que les pueda contar con palabras, una impresión, tanto de este mundo cuya cultura está desapareciendo, como de un problema crucial en la historiografía de la civilización: ¿en qué aspectos podemos reconocer las características esenciales de la humanidad primitiva y pagana?

Los indios pueblo reciben este nombre porque habitan en pueblos, a diferencia de las demás tribus de Nuevo México y de Arizona, nómadas y cazadoras en su mayoría, que pocas décadas atrás solían llevar adelante su vida belicosa en el mismo territorio en el que hoy moran los pueblo.

Lo que me interesaba como historiador cultural era que, en medio de un país que había hecho de la cultura técnica una admirable arma de precisión al servicio del intelectual, pudiera conservarse el enclave de una clase humana, primitiva y pagana, que —si bien con el sensato motivo de luchar por su supervivencia— continúa ejerciendo con inconmovible firmeza sus prácticas mágicas con fines agrícolas y en la caza, costumbres que nosotros solemos juzgar como síntoma de una humanidad muy atrasada. Sin embargo, aquí la llamada superstición va de la mano de las actividades cotidianas. Consiste en la adoración de fenómenos naturales, animales y plantas, a los que los indios atribuyen una vida anímica propia, en la que creen poder influir mediante sus danzas con máscaras.

A nosotros esta combinación de magia fantástica y sensata funcionalidad nos parece un síntoma de escisión; para el indio, sin embargo, esto no resulta para nada esquizofrénico, sino todo lo contrario: es la experiencia liberadora de poder establecer una relación sin límites entre el ser humano y el mundo circundante.

No obstante, un análisis psico-religioso de los pueblo requiere el mayor cuidado científico, puesto que el material disponible se encuentra contaminado por efecto de una doble estratificación. A partir del siglo xvi, el núcleo americano original fue cubierto por una capa de educación eclesial hispano-católica, que a su vez fue interrumpida violentamente a finales del siglo xvii y que, aunque más tarde resurgió parcialmente, nunca más logró reincorporarse oficialmente en los poblados de los moki. Por encima de estas dos capas, se extiende un tercer manto, constituido por la influencia norteamericana.

Sin embargo, un estudio más detallado de la religiosidad pagana de los pueblo permite reconocer, al menos en la escasez de agua del país, un factor objetivo y autóctono que resulta crucial para el nacimiento de la religión indígena. Porque, antes de que llegase el ferrocarril a estos poblados, la escasez y el anhelo de agua condujeron al surgimiento de aquellas prácticas mágicas que aparecen en todas las culturas pretecnológicas para dominar las inhóspitas fuerzas de la naturaleza. La falta de agua enseña a rezar y practicar hechicerías.

La ornamentación de la alfarería nos revela con mayor claridad la problemática del simbolismo religioso. Un dibujo que un indio me entregó personalmente, demuestra que, hasta aquellos elementos que aparentemente parecen servir de adorno, efectivamente, pueden ser analizados desde el punto de vista simbólico y cosmológico. El dibujo muestra, junto a un elemento básico en la cosmología indígena —el universo concebido en forma de casa— una figura irracional con rasgos animales que representa a un enigmático y temido demonio: la serpiente [fig. 1].

Pero la forma extrema del culto animista de los indios, es decir, de la animación espiritual de la naturaleza, es la danza de las máscaras, que se manifiesta como mera danza de animales, como danza de culto a los árboles y, finalmente, como danza con serpientes vivas.

Un vistazo a algunos fenómenos análogos del paganismo europeo nos conducirá, en última instancia, a la siguiente cuestión: ¿en qué medida puede servirnos el estudio de la concepción pagana del mundo, tal como persiste hasta el día

1. Dibujo de estudiante indio con rayos en forma de serpiente.

de hoy entre los indios pueblo, como parámetro de la evolución humana que transcurre del paganismo primitivo a la modernidad, pasando por el paganismo de la Antigüedad clásica?

> En su totalidad, el territorio elegido como morada por los habitantes prehistóricos e históricos de esta zona está escasamente provisto por la naturaleza. Aparte del angosto valle en el noreste, por el cual fluye el Río Grande del Norte hasta desembocar en el Golfo de México, nos encontramos en general con una región de extensas mesetas compuestas por estratos horizontales (terciarios y cretácicos), que a veces forman plataformas más altas, con márgenes escarpados y superficies llanas (por lo que reciben el nombre de «mesas»), y en otras partes son interrumpidas por las corrientes de agua, [...] forman barrancos y cañones con profundidades que rebasan los mil pies, cuyas peñas superiores son casi verticales, como si hubieran sido cortadas con una sierra.

Durante la mayor parte del año, no hay precipitaciones atmosféricas en la meseta, por lo que la mayoría de los cañones están completamente desiertos; solo en la época del deshielo y en los cortos períodos de lluvia, los aturdidores torrentes de agua braman entre los barrancos desnudos.[2]

En esta zona del altiplano de las Montañas Rocosas, donde se unen los estados de Colorado, Utah, Nuevo México y Arizona, encontramos las ruinas de las moradas prehistóricas, junto con los pueblos en los que viven los indios actualmente.

En el noroeste de la meseta, en el estado de Colorado, se hallan los pueblos rupestres —hoy abandonados—, cuyas casas eran construidas en las hendiduras de las rocas. El grupo oriental comprende a cerca de dieciocho pueblos que son relativamente accesibles desde Santa Fe y Albuquerque. Los pueblos de los zuñi que son de especial importancia se sitúan más al suroeste, y se puede acceder a ellos desde Fort Winegate en una jornada. Los más inaccesibles —y por tanto los que conservan con mayor pureza sus antiguas características— son los pueblos de los moki (hopi), seis en total, que se elevan sobre tres crestas rocosas paralelas.

Situada en el centro, como un asentamiento mexicano, se encuentra en la llanura la capital de Nuevo México, Santa Fe, que, solo tras las encarnizadas batallas del siglo pasado, cayó bajo el dominio de los Estados Unidos. Desde aquí y desde Albuquerque puede llegarse sin mayor dificultad a la mayoría de los poblados orientales de los indios pueblo.

Cerca de Albuquerque se ubica el poblado de Laguna, que, aunque situado a menor altitud con respecto a los demás pueblos, sirve como un excelente ejemplo de los asentamientos de los indios pueblo. Mientras que el verdadero pueblo queda al otro lado de la línea ferroviaria Atchison-Topeka-Santa Fe, la colonia europea está ubicada junto a la estación de trenes

---

[2] Emil Schmidt, *Vorgeschichte Nordamerikas im Gebiet der Vereinigten Staaten*, F. Vieweg & Sohn, Braunscheweig, 1894, pp. 179 y ss.

en el llano inferior. Los pueblos indios están formados por casas de dos pisos a las cuales, a falta de una puerta en la planta baja, se accede por el techo mediante una escalera. Este tipo de edificación tenía en origen la función de mejorar la defensa ante los ataques enemigos. De esta manera, los indios pueblo han creado una vía intermedia entre la construcción de viviendas y la de fortalezas muy característica de su cultura, cuyo modelo probablemente se remonta a la prehistoria americana. Se trata de casas con terrazas, que suelen tener una segunda edificación en la azotea y, muchas veces, hasta un tercer conglomerado de aposentos cuadrangulares sobre el segundo piso.

En el interior de estas casas [fig. 2] cuelgan de las paredes pequeños muñecos que no son meros juguetes, sino que cumplen una función similar a la de las imágenes de los santos que suelen encontrarse en las casas de campo católicas. Estos muñecos, llamados *kachinas*, representan a los protagonistas de la danza de las máscaras que, siendo mediadores demoníacos entre el hombre y la naturaleza, forman parte de las ceremonias periódicas de la actividad agrícola, las cuales constituyen las manifestaciones más asombrosas y singulares de esta religión de campesinos y cazadores.

En la pared, en claro contraste con estos muñecos, cuelga una escoba de paja como evidencia de la creciente penetración de la cultura americana.

Sin embargo, el principal producto artesanal, que sirve para fines prácticos y religiosos simultáneamente, es la vasija de barro, en la cual se transporta el agua, tan necesaria y tan escasa [fig. 3].

La característica estilística de los dibujos que aparecen en las manufacturas de barro es que estos quedan esqueletizados de manera heráldica. Por ejemplo, desmiembran al pájaro separando sus partes básicas de tal forma que lo convierten en una abstracción heráldica que, al igual que los jeroglíficos, ya no requiere ser contemplada sino leída. He aquí un estado intermedio entre la imagen de la realidad y el signo, entre el reflejo realista y la escritura. Por la forma de representación

2. Interior de una casa en Oraibi.

ornamental de estos animales, se percibe inmediatamente cómo esta manera de ver y pensar puede conducir al surgimiento de una ideografía simbólica.

Cualquiera que haya leído las historias de los *Leatherstocking Tales*[3] conoce el importante papel que juega el pájaro en la mitología de los indios. Además de ser venerado, al igual que los demás animales, como animal originario, es decir, como tótem, el pájaro es objeto de una particular adoración en el culto sepulcral. Parece que ya en la etapa prehistórica Sikyátki, un espíritu representado por un ave rapaz formaba parte del imaginario mítico de los indios. El pájaro es objeto de culto

[3] Título de una serie de historias de James Fenimore Cooper.

3. Joven de Laguna. En su vasija se ve el «jeroglífico» del pájaro.

idolátrico en virtud de su plumaje. Como instrumento de mediación en sus oraciones, los indios utilizan unos pequeños bastones provistos de plumas, llamados *bahos*, que sitúan frente a sus altares de fetiches y sobre las tumbas. Según las explicaciones fiables que dan los indios acerca de los *bahos*, las plumas son consideradas como seres alados que comunican los deseos y las peticiones a los seres demoníacos de la naturaleza.

Sin lugar a dudas, la alfarería de los pueblo muestra en la actualidad rasgos de las técnicas hispanas del medievo que fueron transmitidas a los indios en el siglo XVIII por los jesuitas.

Por otro lado, las excavaciones realizadas por Fewkes[4] han demostrado irrefutablemente la existencia de una técnica de alfarería más antigua e independiente que la introducida por los españoles, caracterizada precisamente por los motivos heráldicos del pájaro y también de la *serpiente*, que, entre los moki —como en todos los ritos paganos—, se considera el símbolo de culto más influyente.

Esta serpiente sigue apareciendo en la base de las vasijas actuales exactamente como Fewkes la encontró en las vasijas prehistóricas: enroscada y con la cabeza emplumada. En los bordes, cuatro piezas superpuestas llevan pequeñas figuras de animales. Sabemos, por los trabajos realizados sobre los misterios indígenas, que estos animales —por ejemplo, el sapo y la araña— representan los puntos cardinales, y que los recipientes se sitúan, frente a los fetiches, en unos adoratorios subterráneos llamados *kiwa*.

En el *kiwa* la serpiente, como símbolo del rayo de la tormenta, ocupa una posición central dentro del culto.

En mi hotel en Santa Fe, un indio llamado Cleo Jurino y su hijo, Anacleto Jurino, me dieron unas ilustraciones originales. Tras cierta resistencia inicial, las dibujaron ante mis ojos, dándome de esta manera un esbozo, hecho a lápiz, de su

---

[4] Cfr. Jesse Walter Fewkes, «Archeological Expedition to Arizona in 1895», in *Annual Report of the Bureau of American Ethnology*, XVII, 2, 1895-96, pp. 519-74.

visión cosmológica del mundo. Cleo, el padre, había sido uno de los pintores y sacerdotes del *kiwa* de Cochiti. El dibujo mostraba a la serpiente como numen meteorológico, sin plumas, pero, en todo caso, muy similar a la de las vasijas, con la lengua flechada [fig. 4].

El techo de la casa-universo tiene un frontón escalonado. Sobre las paredes se extiende el arco iris, y por debajo vemos nubes de las que se precipitan lluvias, representadas por pequeños trazos. En el centro se sitúa, como verdadero señor del mundo de la tormenta, el fetiche llamado Yaya o Yerric, privado de la figura de la serpiente.

A través de estas pinturas, el indio creyente evoca la benéfica tormenta aplicando sus prácticas mágicas (la más sorprendente de las cuales es, para nosotros, la que se realiza con serpientes vivas), porque —como vimos en los dibujos de Jurino— existe una conexión mágico-causal entre la silueta de la serpiente y el relámpago.

La casa-universo con el techo escalonado, la lengua de serpiente con forma de flecha y la serpiente misma son elementos constitutivos del lenguaje simbólico y figurado de los indios. En la escalera —aquí solo podemos señalarlo— sin duda está contenido un símbolo panamericano y probablemente universal en la representación del cosmos.

Una fotografía instantánea del *kiwa* subterráneo de Sia, que fue tomada por la señora Stevenson,[5] muestra un altar de la tormenta tallado en madera como sitio central del sacrificio, con la serpiente-rayo junto a los símbolos de los puntos cardinales. Es un altar para atraer los rayos provenientes de todas las direcciones. Los indios se ponen en cuclillas, después de haber situado sus ofrendas sacrificiales ante el altar, y toman en sus manos el símbolo de mediación para recitar la oración: la pluma [fig. 5].

---

[5] Matilda Coxe Evans Stevenson (1849-1915) fue una de las pioneras en las investigaciones sobre los indios, además de ser reconocida, en 1884, como la primera mujer etnóloga de los Estados Unidos. [N. del T.]

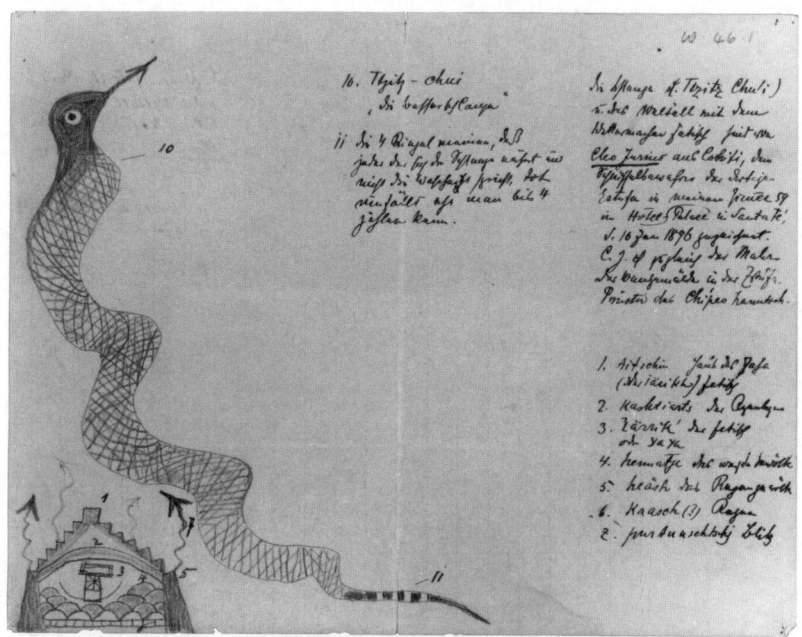

4. Cleo Jurino, refiguración cosmológica. Santa Fe, 1896, con apuntes de Warburg.*

Mi deseo de observar a los indios bajo la influencia inmediata del catolicismo oficial fue favorecido por una circunstancia beneficiosa: tuve la oportunidad de poder acompañar al padre Père Juillard, un sacerdote católico al que había conocido en

---

* Traducción de los apuntes de Warburg:
«La serpiente *(Ttzitz Chu'i)* y el universo con el fetiche del clima fueron dibujados ante mis ojos el 10 de enero de 1896 en mi habitación, la numero 59, en el hotel Palace de Santa Fe, por Cleo Jurino de Cochita, guardián de la Estufa local. C. J. es también el pintor de los murales de la Estufa y el sacerdote de Chipeo Nanutsch.
1. *Aitschin*, casa del fetiche Yaya (o Yerric).
2. *Kashtiarts*, el arco iris.
3. *Yerric*, el fetiche (o Yaya).
4. *Nematje*, la nube blanca.
5. *Neash*, la nube lluviosa.
6. *Kaasch* (?), lluvia.
7. *Purtunschtschj*, rayo.
10. *Ttzitz Chu'i*, la serpiente acuática.
11. Los cuatro anillos significan que aquel que se acerque a la serpiente y no diga la verdad caerá muerto antes de poder contar hasta cuatro».

5. *Kiwa* de Sia, interior con altar del rayo (foto de la señora Stevenson).

el año nuevo de 1895 durante la presentación de una danza de los matachines, durante uno de sus viajes de inspección al romántico pueblo de Acoma.

Viajamos alrededor de seis horas por un desierto plagado de retamas, hasta que vimos aparecer el pueblo asomándose entre un mar de rocas, como Heligoland[6] en un mar de arena.

Antes de llegar al pie de la roca, comenzaron a sonar las campanas en honor al sacerdote, y una multitud de pieles rojas con vestidos multicolores se acercó rápidamente por el sendero para aliviarnos de nuestro equipaje. Los carruajes

---

[6] Isla en la bahía alemana del Mar del Norte, conocida por su empinado acantilado. [N. del T.]

6. Indios delante de la puerta de la iglesia de Acoma.

permanecieron abajo, una necesidad que resultó fatal, dado que los indios nos robaron el barril de vino que habían regalado al cura las monjas de Bernalillo. Una vez en la cima, fuimos recibidos por el *Gobernador* –aquí todavía siguen empleándose los títulos españoles para denominar a los jefes del pueblo– con todos los honores. Este llevó la mano del cura a sus labios con un sorbido, inhalando de esta manera su hálito como forma de bienvenida reverente.

Fuimos hospedados en su gran salón de visitas junto a los cocheros, y prometí al cura, según su deseo, que le asistiría durante la misa que estaba prevista para la mañana siguiente.

Los indios estaban de pie en el portón de la iglesia [fig. 6]. No es fácil hacerlos entrar. Resultó necesario que el cacique

7. Interior de la iglesia de Acoma.

llamara a misa, vociferando enérgicamente el acontecimiento por las tres calles paralelas del pueblo. Finalmente, los oriundos se congregaron en el templo.

Vestían vistosos ponchos, los cuales suelen ser tejidos al aire libre por las mujeres pertenecientes a la tribu nómada de los navajos, pero a veces también por los propios pueblo. Los ponchos llevan ornamentos blancos, rojos o azules, y tienen un aspecto muy pintoresco.

El interior de la iglesia cuenta con un altar barroco con imágenes de los santos [fig. 7]. El cura, al no saber hablar ni una sola palabra indígena, tuvo que recurrir a un intérprete, que durante la misa tradujo los enunciados uno a uno, y que bien pudo haber dicho lo que quisiera.

En el transcurso de la ceremonia observé que las paredes de la iglesia estaban cubiertas con símbolos cosmológicos paganos, del mismo estilo de los que me había dibujado Cleo Jurino. También había visto unas pinturas similares en la parroquia de Laguna: simbolizan la casa-universo con el techo

8. Ornamentación cosmológica de la pared de la casa de Acoma.

escalonado [fig. 8]. La línea en zigzag representa una escalera, no una de aquellas cuadradas y hechas con ladrillos, sino una mucho más rudimentaria, tallada en un tronco, como las que aún suelen fabricar los pueblo [fig. 9].

Para quien quiera representar simbólicamente el devenir, y los ascensos y descensos de la naturaleza, el escalón y la escalera encarnan la experiencia primigenia de la humanidad. Son el símbolo de la lucha entre lo alto y lo bajo en el espacio, de la misma forma que el círculo —la serpiente enrollada— simboliza el ritmo del tiempo.

El ser humano, que ha dejado de caminar a cuatro patas para hacerlo en posición erecta, y que por lo tanto necesita de un instrumento para vencer la fuerza de gravedad cuando mira hacia arriba, ha inventado la escalera para ennoblecer sus deficiencias con respecto al animal. El hombre, que a la edad de dos años aprende a caminar, percibe *la felicidad del escalón* porque, como criatura que tiene que aprender a andar, recibe al mismo tiempo la gracia de poder elevar la cabeza. El

9. Granero con escalera.

movimiento ascendente es el acto humano por excelencia, que busca elevar al hombre de la tierra al cielo: es el verdadero acto simbólico que le confiere nobleza al acto humano de mantener levantada la cabeza, mirando hacia lo alto.

La contemplación del cielo es la gracia y a la vez la maldición de la humanidad.

En consecuencia, el indio introduce un elemento racional en la cosmología al representar, con su propia vivienda en terrazas, la casa-universo a la que accede mediante una escalera.

No obstante, hemos de cuidarnos de interpretar la casa-universo como el resultado de una cosmología apaciguada, ya que el amo de esta es siempre el más aterrador entre los animales: la serpiente.

Los pueblo son agricultores y también cazadores, aunque no en la misma medida que las tribus salvajes que vivían antes en este territorio. Para completar su alimentación necesitan acompañar su dieta de maíz con carne. Las danzas con máscaras, que a primera vista aparentan ser manifestaciones festivas que acompañan la vida cotidiana, en realidad han de entenderse como prácticas mágicas que buscan proveer de alimento a la comunidad. La danza con máscaras, que nosotros solemos percibir como un mero juego, es en realidad una práctica seria, por no decir bélica, en la lucha por la existencia. No olvidemos que estas danzas, aun siendo radicalmente diferentes a las anteriores danzas sanguinarias y desolladoras que acostumbraban a ejecutar los indios nómadas —acérrimos enemigos de los pueblo—, siguen siendo, en su origen y en su razón interna, danzas de sacrificio y propiciación. Al enmascararse, el cazador o el agricultor imita a la presa —se trate de un animal o del fruto de la tierra— creyendo que, mediante una misteriosa transformación mimética, será capaz de obtener los frutos de su ardua labor cotidiana como cazador y agricultor. Esta forma social de proveerse de alimentos resulta esquizofrénica: la magia y la técnica se encuentran en el mismo punto.

Tal coexistencia de la civilización lógica con una causalidad mágico-fantástica revela el singular estado de hibridación y transición en el que se encuentran los pueblo. Ellos no son hombres del todo primitivos que dependen solo de sus sentidos, y para los cuales no existe una actividad referida al futuro; pero tampoco son como el europeo, que confía su porvenir a la tecnología y a las leyes mecánicas u orgánicas. Los pueblo viven entre el mundo de la lógica y el de la magia, y su instrumento de orientación es el símbolo. Entre el hombre salvaje y el hombre racional, se sitúa el hombre de las interconexiones simbólicas. Las danzas de los pueblo pueden ofrecernos algunos ejemplos que nos ayuden a comprender este nivel de razonamiento simbólico.

La primera vez que presencié la danza de los antílopes en San Ildefonso, al principio me pareció ver algo muy inocente y casi cómico. Pero para el folclorista que tiene como objetivo descubrir las raíces biológicas de las expresiones culturales humanas, no hay momento más peligroso que aquel en el que se ríe frente a costumbres aparentemente graciosas. Reírse del elemento cómico del folclore es un grave error, porque en ese preciso instante se pierde la comprensión del elemento trágico.

Los indios de San Ildefonso, un pueblo cerca de Santa Fe que desde hace ya mucho tiempo está expuesto a la influencia norteamericana, estaban preparados para comenzar la danza. Primero se instalaron los músicos, armados con un gran tambor. Detrás de ellos puede verse a los mexicanos montados a caballo. Luego formaron dos filas paralelas, adoptando, por medio de las máscaras y los movimientos, el carácter de los antílopes. Los danzantes se movían de dos maneras: imitaban el modo de andar de los animales representados o se apoyaban sobre los pies delanteros, es decir, sobre pequeños palos adornados con plumas, ejecutando los movimientos sin abandonar el sitio correspondiente [fig. 10]. A la cabeza de cada fila se encontraba un cazador y una figura femenina, de la que solo pude descubrir que la llamaban «la madre de todos los animales».[7] A ella se dirige el imitador de animales con sus conjuros.

El ponerse la máscara durante la danza significa apropiarse espiritualmente del animal y anticipar miméticamente su captura. Esta ceremonia no tiene nada de lúdica: para el hombre primitivo, la danza de las máscaras significa, en el proceso de unión con lo extrapersonal, el mayor grado de sometimiento a una entidad extraña. Cuando, por ejemplo, el indio imita los movimientos y las expresiones del animal, no se introduce en el cuerpo de la presa para divertirse, sino para poder apropiarse mágicamente de un elemento de la naturaleza a través de una metamorfosis de su personalidad, algo que no podría obtener sin ampliar y modificar su condición humana.

En la pantomímica danza de los animales, la imitación es un acto de culto que expresa con la más alta devoción la pérdida de identidad, al lograr fusionarse con un ente extraño. La danza de las máscaras de los pueblos llamados «primitivos» es, teniendo en cuenta su esencia originaria, un testimonio de religiosidad social.

La actitud interior del indio hacia el animal es muy diferente a la del europeo. Considera al animal un ser superior,

---

[7] Πότνια Θηρῶν; Cfr. Jane E. Harrison, *Prolegomena to the Study of Greek Religion*, tercera edición, Cambridge, 1922, p. 264.

10. Danza del antílope en San Ildefonso.

porque la integridad de su naturaleza lo convierte en un ser mucho mejor dotado que el débil ser humano.

Estos singulares y novedosos conocimientos en torno a la psicología inherente a la voluntad de metamorfosearse en animal me los proporcionó, antes de emprender este viaje, Frank Hamilton Cushing,[8] un pionero y veterano en la lucha por la comprensión del alma indígena. Este hombre, picado de viruela y de escaso cabello pelirrojo, cuya edad era imposible

[8] Frank Hamilton Cushing (1857-1900). Investigador autodidacta. De 1888 a 1893 vivió entre los zuñi, llegando a ser sacerdote de uno de sus clanes. Se le considera uno de los principales especialistas en la cultura de los indios de Nuevo México. [N. del T.]

de adivinar, me trasmitió, entre cigarrillos, lo que un indio le había dicho en una ocasión: «¿Por qué razón deberíamos creer que el hombre está por encima del animal? Observa al antílope, que es puro correr y corre mucho mejor que el hombre, u observa al oso, que es la fuerza pura. Los hombres solo *hacen* en parte lo que el animal *es* enteramente». Esta forma de pensar es, por extraño que parezca, la fase preliminar de nuestra visión científico-genética del mundo. Porque los indios paganos, al igual que las demás culturas paganas de este mundo, se enlazan con el mundo animal —mediante aquello que solemos llamar totemismo— empujados por un temor reverencial, bajo la creencia de que los animales de las distintas especies son los ancestros míticos de sus tribus. Su explicación del mundo como un conjunto de relaciones inorgánicas no se distancia tanto del darwinismo: mientras que nosotros imputamos una ley natural al proceso autónomo de la evolución, los paganos intentan explicárselo mediante una arbitraria conexión con el mundo animal. Por decirlo así, encontramos aquí un darwinismo por afinidad electiva, basado en la concepción mítica que domina la vida de estos seres considerados primitivos.

Es evidente que en San Ildefonso ha prevalecido la forma de la danza de la caza. Sin embargo, dado que el antílope se extinguió en esta zona hace ya más de tres generaciones, es probable que la danza enfocada a este animal represente una fase de transición hacia las danzas demoníacas denominadas *kachinas*, destinadas sobre todo a propiciar una buena cosecha. En Oraibi, por ejemplo, sigue existiendo un clan de los antílopes cuyo deber es precisamente la invocación meteorológica.

Mientras que las danzas de los animales han de ser comprendidas como una expresión mágico-mimética de la cultura de los cazadores, las *kachinas*, que forman parte de las ceremonias periódicas anuales de los agricultores, poseen un carácter distinto cuyas particularidades, sin embargo, se muestran muy alejadas de las costumbres de la cultura europea. Este baile de máscaras mágico-religioso, cuyas súplicas se centran en la naturaleza inanimada, solo puede observarse en toda su autenticidad en aquellos lugares donde aún no ha llegado el ferrocarril, y en aquellos poblados en los que, como es el caso de los moki, han desaparecido hasta los últimos rasgos del catolicismo oficial.

A los críos se les inculca un intenso respeto religioso por las *kachinas*. Todos los niños ven en las *kachinas* seres sobrenaturales y terribles, y el momento en el que se les instruye sobre la naturaleza de las mismas y en el que se les acoge en la sociedad de los danzantes marca un hito en la educación del niño indígena.

En el lugar más remoto del oeste, en la plaza de mercado del rocoso pueblo de Oraibi, tuve la suerte de poder asistir casualmente a una danza llamada *humiskachina*. Aquí pude ver en carne y hueso a los danzantes enmascarados que antes había visto representados por las muñecas colgadas en una casa de este pueblo.

Para llegar a Oraibi tuve que bajar en la estación de ferrocarriles de Holbrook y seguir desde allí dos días más en un carro ligero llamado *buggy*, que gracias a sus cuatro ruedas livianas es muy bueno para avanzar por la arena de este desierto en el que solo crecen las retamas. El chófer, un mormón llamado Frank Allen, me guio durante todo el tiempo que permanecimos en este territorio. Sufrimos una fuerte tormenta de arena que terminó borrando por completo las huellas de los automóviles, nuestro único medio de orientación en esta estepa sin caminos. Tuvimos, sin embargo, la fortuna de llegar al cabo de dos días a Keam Canyon, donde nos recibió un amable irlandés llamado Mr. Keam.

Desde este lugar pude emprender mis excursiones a los pueblos rocosos situados en las alturas de las tres mesetas que se extienden paralelamente de norte a sur.

Primero visité el extraño poblado de Walpi, un pueblo compuesto por terrazas de piedra, que yace románticamente sobre la cima de la montaña como una auténtica masa de rocas. Un sendero angosto en las alturas pasa a lo largo de esta aglomeración de casas [fig. 11, 12]. La imagen muestra el aire de soledad

11. Vista de Walpi.

12. Sendero alrededor de las casas de Walpi.

13. Viejo ciego en la plaza de la danza.

y seriedad con el que esta roca y sus casas se elevan por encima del mundo.

Oraibi, el pueblo donde pude asistir a la danza *humiskachina*, tiene un aspecto muy parecido a Walpi. En la parte alta, en la plaza de mercado donde vemos al anciano con su cabra, se prepara el espacio para la danza [fig.13]. La *humiskachina* es la danza del trigo. La tarde anterior a la realización de la danza estuve en un *kiwa*, lugar en donde se celebran los ritos secretos. Aquí no encontré ni adoratorios ni fetiches. Los indios simplemente permanecían sentados y fumaban una pipa ceremonial. De cuando en cuando aparecían un par de piernas morenas por la escalera de arriba, seguidas a continuación por el resto del cuerpo.

Los jóvenes se ocupaban de pintar las máscaras para el día siguiente. Debido a que son muy difíciles de conseguir, los cascos de cuero suelen utilizarse varias veces. Para pintar las máscaras de cuero, se llenan la boca de agua, las rocían con ella y luego extienden los pigmentos.

A la mañana siguiente, el pueblo entero, incluyendo dos grupos de niños, se había reunido en la muralla. La relación de los indios con sus hijos es especialmente atractiva. Los niños reciben una educación muy dulce, pero a la vez disciplinada, y una vez que uno logra ganarse un poco de su confianza resultan ser muy afables. Los niños estaban reunidos en la plaza del mercado aguardando el espectáculo con seriedad y nerviosismo. La figura del *humiskachina*, con su cabeza artificial, realmente les provoca mucho terror, porque conocen por los muñecos los horrorosos e inmóviles atributos de estas máscaras. Podríamos preguntarnos si nuestras muñecas, en un tiempo remoto, no eran vistas también como demonios de tal índole.

La danza la realizan una treintena de hombres y aproximadamente diez bailarines femeninos, es decir, hombres representando figuras femeninas [fig. 14.].

Al frente de la doble fila, que comprende la coreografía de la danza, se posicionan cinco hombres. Aunque la danza se

14. Danza *humiskachina* en Oraibi.

ejecuta en la plaza de mercado, los participantes realizan una parada frente a una construcción arquitectónica formada por una estructura de piedra sobre la cual está fijado un pequeño pino adornado con plumas. Se trata de un pequeño templo en el que se recitan las oraciones propiciatorias y los cantos que acompañan la danza de las máscaras. Desde este pequeño templo irradia el culto de modo evidente. Las máscaras de los danzantes son verdes y rojas, cruzadas en diagonal por franjas blancas interrumpidas por tres puntos que, como me han explicado, simbolizan las gotas de lluvia. El casco entero simboliza, a su vez, al universo con forma de escalera y al donante de la lluvia, representado siempre por nubes semicirculares de las que caen líneas.

El mismo simbolismo se encuentra en los ponchos con los que los indios cubren sus cuerpos, cuyos ornamentos rojos y verdes, que destacan sobre un fondo blanco, están cosidos delicadamente a la tela. Los danzantes llevan en sus manos una

15. Bailarines enmascarados.

especie de sonajero hecho con calabazas rellenas de piedras. Además, utilizan, atados a las rodillas, caparazones de tortuga de los cuales penden pequeñas piedras que les permiten reproducir el mismo sonido con las piernas [fig. 15].

El coro efectúa dos ceremonias diferentes. O bien las mujeres se sientan enfrente de los hombres y hacen música con sus sonajeros y un trozo de madera, mientras que estos ejecutan una figura coreográfica que consiste en girar una y otra vez en torno a sí mismos; o bien se levantan y proceden a imitar los movimientos de los hombres, rotando de la misma manera. Durante esta ceremonia, dos sacerdotes se ocupan de rociar a los danzantes con harina consagrada [fig. 14, 16, 17].

El traje de las mujeres consiste en una manta que cubre enteramente los contornos del cuerpo para no revelar que se trata de hombres disfrazados. La máscara lleva en la parte alta el peculiar peinado de anémona, típico entre las jóvenes pueblo [fig. 18]. Las cerdas rojas de caballo que cuelgan de la máscara simbolizan la lluvia, igual que los ornamentos de los rebozos y fajas que les sirven de vestimenta.

Durante la danza, un sacerdote espolvorea a los danzantes con harina sagrada, mientras que la punta de la fila permanece siempre ligada al diminuto santuario. La danza dura de la mañana a la tarde. En el entreacto, los indios abandonan el pueblo para descansar en los salientes de las montañas [fig. 19]. Aquel que vea a un danzante sin máscara, morirá.

El pequeño templo es el punto de orientación de la configuración de la danza. Es un arbolito adornado con plumas denominado *nakwakwocis*. Me llamó la atención que el árbol sea tan diminuto y resolví buscar al cacique que estaba sentado en un extremo de la plaza, para preguntarle por qué este árbol era de un tamaño tan pequeño. Él me contestó: «Antes teníamos un árbol grande, ahora hemos escogido uno pequeño porque el alma del niño es pequeña».

Nos encontramos aquí en el territorio por antonomasia del animismo y del culto al árbol, tal como lo revelan las investigaciones de Mannhardt,[9] que indican que estos cultos, siendo un concepto universal de las culturas antiguas, persisten hasta el día de hoy en los rituales de la cosecha en Europa. Se trata de establecer un vínculo entre las fuerzas naturales y el hombre, es decir, un *sýmbolon*, un elemento de conjunción. El rito mágico opera como una conexión real al enviar un mediador que en este caso es el árbol, porque al estar arraigado al suelo, tiene un lazo más fuerte con la tierra que el ser humano. Este árbol es, pues, el mediador preestablecido que abre la puerta al mundo subterráneo. Al día siguiente los indios llevan las plumas a un manantial en el valle, donde las plantan en la tierra o las cuelgan de unas estacas como ofrendas religiosas. Tienen la

---

[9] Wilhelm Emmanuel Johann Mannhardt (1831-1880), especialista en mitología germánica, autor de *Wald und Feldkulte*, Berlín, 1875. [N. del T.]

16. Bailarines *humiskachina* en Oraibi.

17. Danza *humiskachina*.

función de hacer efectivas las oraciones de la fertilidad, a fin de que el grano del trigo sea grande y abundante.

Avanzada la tarde, los infatigables danzantes se formaron de nuevo para reanudar con ceremoniosa e incansable seriedad sus monótonos movimientos. Cuando el sol quiso iniciar su caída, pudimos presenciar un espectáculo asombroso que demostró, con absoluta claridad, cómo esta solemne y silenciosa serenidad extrae su forma mágico-ritual de las profundidades de una humanidad elemental. Ante este trasfondo, nuestra tendencia habitual a ver solo un componente de espiritualidad en estas ceremonias se muestra como un modo unipolar e insuficiente de comprenderlas.

Aparecieron seis figuras: tres hombres casi desnudos, pintados con barro amarillo y con el cabello atado como un cuerno,

18. Mujeres pueblo con peinado estilo «anémona».

vestidos solamente con un taparrabos. Después se aproximaron tres hombres vestidos con trajes femeninos. Mientras que el coro y el sacerdote continuaban danzando y realizando sus oficios ceremoniales con tranquilidad e inquebrantable devoción, estos individuos comenzaron a realizar una aguda y grosera parodia de sus movimientos. Nadie se rio. Esta vulgar parodia era percibida, no como una burla, sino más bien como una aportación por parte de los excluidos a la invocación de un fructífero período de cosecha.

Todo aquel que entienda algo acerca de la tragedia griega, reconoce en esto la duplicidad del coro trágico y la figura del drama satírico: «Crecidos del mismo tallo». El nacer y perecer de la naturaleza aparecen como un símbolo antropomorfo, no como dibujo, sino como vívida y dramática experiencia de la danza mágica.

19. Bailarines en reposo en Oraibi.

El culto mexicano mostraba de una forma terriblemente dramática la naturaleza de esta mágica identificación con la divinidad, realizada para participar de sus poderes sobrehumanos. En una de las muchas ceremonias se adoraba a una mujer que representaba a la diosa del maíz. Al cabo de cuarenta días era sacrificada y el sacerdote se ponía como vestimenta, después de despellejarla, la piel de la víctima.

En comparación con este primitivo y demente intento de aproximación a la deidad, todo lo que observamos en los pueblo resulta, aunque en el fondo esté relacionado, infinitamente más refinado en sus expresiones. Sin embargo, no hay garantía de que, secretamente, esta savia antigua no continúe alimentándose de las sangrientas raíces del culto. Después de todo, el mismo suelo que hoy hospeda a los pueblo ha visto también las danzas bélicas de los nómadas salvajes, cuyas atrocidades culminaban en el suplicio del enemigo.

La forma más destacada de los acercamientos a la naturaleza a través del contacto con el animal, puede encontrarse entre los indios moki, que realizan una danza con serpientes vivas en Oraibi y Walpi. No he podido asistir a esta danza personalmente, pero las fotografías trasmiten una idea acerca de este acontecimiento, que ha de ser la ceremonia más pagana de Walpi. Este ritual es tanto danza de animales como culto a las estaciones del año. En él se acopla, en un poderoso éxtasis, lo que hemos conocido como danza de animales en San Ildefonso y como danza mágica de la fecundidad, como *humiskachina*, en Oraibi. En agosto, cuando surge la crisis de la agricultura y la cosecha entera depende de las escasas y eventuales lluvias, se intenta invocar a la tormenta benefactora a través de las danzas con serpientes vivas, unas danzas que se efectúan en Walpi y en Oraibi alternativamente. Mientras que en San Ildefonso la danza muestra —al menos a los no iniciados— una simulación del antílope, y la danza del trigo revela, mediante la máscara, el carácter demoníaco de los danzantes, que aparecen como los demonios del grano, en Walpi encontramos una forma mucho más primitiva de la invocación religiosa.

En este pueblo, los danzantes y los animales entablan una conexión mágica. Lo sorprendente es que los indios han aprendido a dominar, sin hacer uso de la fuerza, al más peligroso de los animales, la serpiente de cascabel, que de esta manera participa voluntariamente, o al menos sin demostrar sus cualidades de animal depredador —mientras no se le provoque— en estas ceremonias que duran varios días, y que si estuvieran bajo la responsabilidad de algún europeo, seguramente culminarían en una catástrofe.

En los poblados moki los participantes en la fiesta de la serpiente provienen de dos clanes: el del antílope y el de la serpiente, los cuales, de acuerdo con la mitología, mantienen una relación totémica con estos dos animales.

Esto es una prueba de que el totemismo, incluso en nuestros días, debe tomarse en serio, puesto que los hombres no solo portan la máscara de los animales, sino que entran en un intercambio ritual con el más peligroso de todos ellos: la serpiente viva. La ceremonia de la serpiente en Walpi ocupa un lugar entre el acto mimético y el sacrificio sanguinario, pues en esta no se imita simplemente al animal, sino que se lo involucra en la forma más extrema del culto, no como víctima sacrificial, sino —al igual que el *baho*— como mediador para propiciar la lluvia.

La danza de las serpientes en Walpi constriñe a la propia serpiente a actuar como elemento mediador. En el mes de agosto, cuando han de llegar las tormentas, son capturadas en una ceremonia que tiene lugar en el desierto durante dieciséis días. Luego se las traslada al *kiwa*, el adoratorio subterráneo, donde los caciques de los clanes del antílope y de la serpiente las guardan cautelosamente. Aquí se les hace pasar por una variedad de ceremonias asombrosas, de las cuales el lavado destaca por su importancia y es, por lo demás, la más sorprendente para el hombre blanco. Se trata a la serpiente como si fuera un iniciado en el culto de los misterios, sumergiendo su cabeza a la fuerza en una especie de agua bendita que contiene todo tipo de hierbas medicinales. A continuación, es arrojada sobre un dibujo de arena que está delineado en el suelo del

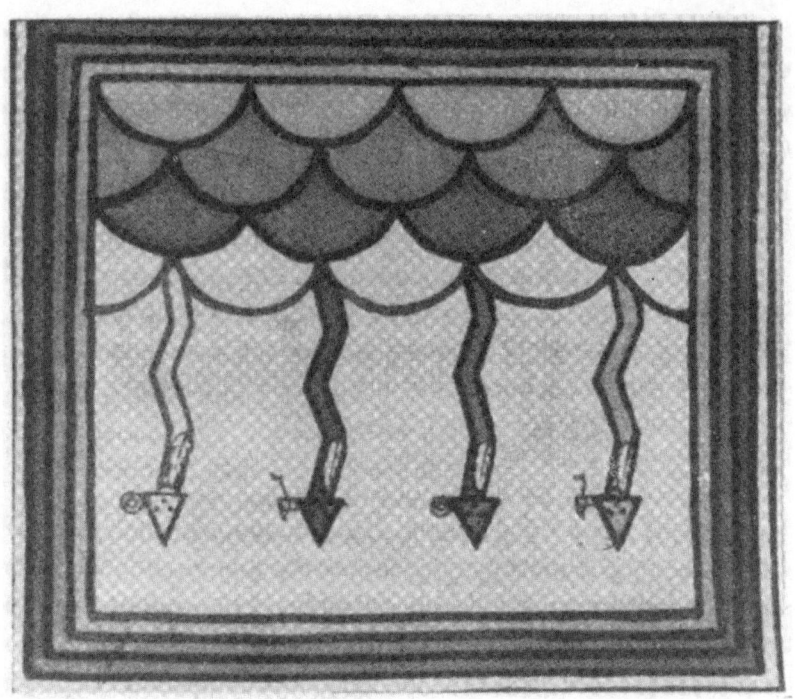

20. Rayos en forma de serpiente, cfr. fig. 39.

kiwa y que muestra a las cuatro serpientes de la tormenta, y en el centro un cuadrúpedo. En otro *kiwa*, un segundo dibujo de arena representa un cúmulo de nubes del cual emergen cuatro rayos en forma de serpientes de diversos colores, que corresponden a los cuatro puntos cardinales [fig. 20]. Arrojada violentamente sobre la primera pintura de arena, la serpiente acaba destruyéndola al mezclarse con la propia arena.

No cabe duda de que este lanzamiento mágico tiene como objetivo obligar a la serpiente a obrar como propiciadora de los rayos y generadora de la lluvia.

Está claro que este es el significado de todo el ceremonial. Las sucesivas ceremonias demuestran que estas serpientes iniciadas y consagradas, en mágica comunión con los indios, son las mediadoras solicitantes y provocadoras de la lluvia. Son, por tanto, como santos de la lluvia vivientes y zoomórficos.

Las serpientes —verdaderas serpientes de cascabel a las que, como se ha demostrado, no se les quitan los colmillos venenosos— permanecen guardadas en el *kiwa* hasta el último día de la ceremonia, en el que se las traslada a un arbusto que está delimitado por un círculo trazado en el suelo.

La ceremonia culmina de esta forma: los indios se acercan a dicho arbusto, agarran a la serpiente viva, la acarician durante un rato y luego la envían a la llanura como mensajera de sus plegarias. Los investigadores americanos describen el momento de agarrar a la serpiente como un acto sumamente excitante.

Ocurre de la siguiente manera: mientras que un grupo de tres indios se aproxima, el supremo sacerdote del clan de la serpiente extrae una serpiente del matorral. Uno de los indios que se acercaron al arbusto, que tiene la cara pintada y tatuada, y lleva la piel de un zorro atada por la cintura, la agarra rápidamente y se la coloca en la boca. Simultáneamente, un compañero lo toma por los hombros y desvía la atención del reptil moviendo un plumero. El tercero es el cuidador y cumple la función de atrapar a la serpiente en caso de que logre deslizarse de la boca de su portador. La danza se ejecuta en una angosta plaza en Walpi y tiene una duración de poco más de media hora. Una vez que las serpientes han sido sostenidas durante un rato en la boca al ritmo de los cascabeles —sonido producido por los indios, que llevan cascabeles y caparazones de tortugas con piedrecitas atados a las rodillas— los indios las llevan rápidamente a la llanura, donde desaparecen.

Por lo que sabemos de la mitología de Walpi, este culto se remonta a las leyendas cosmológicas. Una de ellas relata la historia del semidiós Ti-yo, que desciende al inframundo para descubrir la fuente originaria del agua anhelada. Atraviesa los distintos *kiwas* de los soberanos del inframundo, siempre acompañado de una pequeña araña hembra, que permanece invisible sentada detrás de su oreja derecha y lo guía —como un Virgilio indígena, que orienta a Dante en el infierno— en el viaje que lo lleva a atravesar los diferentes *kiwas* del averno, para culminar finalmente, tras pasar por las dos casas solares del Este y el Oeste, en el gran *kiwa* de las serpientes, donde obtiene el *baho* mágico para la invocación de la lluvia. Según la leyenda, Ti-yo regresa del inframundo con el *baho* y con dos serpientes hembras, con las que engendra hijos-serpientes, criaturas muy peligrosas que terminan obligando a las tribus a emigrar. De este modo, en el mito, la serpiente aparece como deidad meteorológica y, a la vez, como tótem responsable de las migraciones del clan.

En la danza de la serpiente, esta no es sacrificada sino transformada en mediadora, a través de la consagración y de la danza mimética, y enviada de vuelta junto a las almas de los muertos para que, en forma de rayo, provoque la tormenta en el cielo. Esto demuestra que, en lo que concierne a las culturas primitivas, el mito está intrínsecamente entrelazado con las prácticas mágicas.

Para el hombre profano es natural considerar estas manifestaciones de la religiosidad como una peculiaridad de la barbarie primitiva, totalmente ajena a la cultura europea. Sin embargo, resulta que en Grecia, justo en el país donde se originó la civilización europea, hace dos mil años se practicaban rituales tan extravagantes como los que hoy podemos observar entre los indios.

Por ejemplo, en el culto orgiástico a Dioniso, las Ménades también bailaban con serpientes vivas, llevándolas en una mano y sobre la cabeza a modo de diadema, mientras que con la otra mano sostenían al animal que debía ser desgarrado durante la ascética danza sacrificial en honor del dios. A diferencia del ritual moki, el delirio del sacrificio sangriento era el punto culminante y la razón fundamental de la danza religiosa [fig. 21].

La abolición del sacrificio sanguinario, como principal concepto de purificación, marca el paso de la evolución cultural de Oriente a Occidente. La serpiente participa siempre en este proceso de sublimación religiosa: su relación con el hombre puede servir como medida para determinar el grado de transformación que ocupa la religión entre el fetichismo y

21. Ménade danzante de un relieve naótico. París, Louvre.

la creencia en la redención divina. En el Antiguo Testamento, la serpiente representa, al igual que la antigua Tiamat en Babilonia, al espíritu del mal y de la tentación. En Grecia también se le conoce como despiadada devoradora de las profundidades: la Erinia está envuelta por serpientes ondulantes, y los dioses, cuando dictaminan un castigo mortal, envían como verdugo a la serpiente. Esta representación de la serpiente como fuerza destructiva infernal ha dado lugar, en el mito y en el conjunto

22. *Laocoonte*, Roma, Museo Vaticano.

arquitectónico *Laocoonte*, al símbolo trágico más poderoso. En esta famosa escultura de la Antigüedad clásica, la venganza de los dioses es ejecutada por una serpiente que estrangula al sacerdote y a sus dos hijos, convirtiéndose así en la personificación por antonomasia del sufrimiento humano. El sacerdote adivino, que intentó proteger a su pueblo advirtiéndole de la malicia de los griegos, sufre la venganza de unos dioses parciales. De esta manera, la muerte del padre y de sus hijos surge como símbolo de la Pasión en la Edad Antigua: la venganza mortal de los dioses ejecutada por el demonio vengativo, sin justicia y sin esperanza de redención. He aquí un cuadro ejemplar del pesimismo trágico de la Antigüedad [fig. 22].

Frente a la visión de la serpiente como demonio, presente en la cosmovisión pesimista de la Antigüedad, se sitúa el dios-serpiente de este mismo período, en el que, finalmente, podemos reconocer la filantrópica y transfigurada belleza clásica. Asclepio, dios griego de la medicina, tiene como símbolo una serpiente enrollada en su bastón [fig. 23]. Este dios muestra los rasgos característicos que califican al salvador del mundo en el arte plástico de la Antigüedad.

Y este sublime y ecuánime dios de las almas difuntas tiene sus raíces en el mundo subterráneo, en el que vive la serpiente. Es adorado en origen como serpiente. Es él mismo el que se enrosca en el bastón: es el alma extinta de los difuntos que prevalece y reaparece en forma de serpiente. Esto revela que la serpiente no es solamente, como afirmarían los indios descritos por Cushing, el mordisco letal que, siempre listo para el asalto, extermina despiadadamente; sino que es un ejemplo viviente de cómo, aun abandonando la piel, el ser puede continuar viviendo. La serpiente desaparece debajo de la tierra y pronto vuelve a aparecer en la superficie. El regreso desde el subsuelo, que es el lugar donde descansan los muertos, en combinación con su facultad para renovar su piel, convierte a la serpiente en el símbolo más natural de la inmortalidad y de la resurrección de una enfermedad o de un peligro mortal.[10]

[10] En un primer bosquejo de este pasaje, Warburg explica el poder simbólico de la imagen de la serpiente en los siguientes términos:
«¿Cuáles son las propiedades que hacen de la serpiente una metáfora relevante en la literatura y en el arte? 1) La experiencia a través de su ciclo biológico anual, que la lleva del profundo letargo del sueño de la muerte hacia la vitalidad extrema. 2) El cambiar de piel y permanecer exactamente igual. 3) El no ser capaz de caminar y poder, sin embargo, impulsarse por sí misma a gran velocidad, acompañada del arma letal que son sus dientes venenosos. 4) El ser prácticamente invisible para el ojo humano, especialmente cuando, por el fenómeno del mimetismo, asume

23. *Asclepio*. Roma, Museo Capitolio.

En el templo de Asclepio que está situado en la isla Cos, en Asia Menor, una estatua mostraba a este dios, representándolo transfiguradamente con características humanas, con un bastón en el cual se enrolla una serpiente. Pero la verdadera esencia de su potencia divina no se manifestaba en la inanidad de esta máscara de piedra, sino en la presencia vital de las serpientes que eran alimentadas, cuidadas e idolatradas ritualmente, como solo los moki son capaces de hacerlo.

En un calendario español del siglo XVIII que encontré en un manuscrito vaticano, en el que hallamos a Asclepio como patrón del signo de Escorpión, se muestran claramente tanto los aspectos más toscos como los más refinados del culto al dios-serpiente [fig. 24]. En treinta secciones, se presentan, de manera jeroglífica, las prácticas rituales del culto de Cos, que son idénticas a las drásticas expresiones mágicas de los indios para establecer la unión con la serpiente: muestra el descanso en el templo, el modo en el que es transportada con las manos y su adoración como deidad originaria de los manantiales.

Este documento medieval es astrológico, lo que significa que no representa dichas prácticas rituales como prescripciones para prácticas devocionales, sino a modo de jeroglíficos referentes a las personas que nacen bajo el signo de Asclepio. Ya que Asclepio ha llegado a ser una deidad estelar, hubo de atravesar la fantasía cosmológica de sufrir una metamorfosis que lo sustrajera por completo de lo real, de la influencia directa, de lo subterráneo, de lo bajo. Como astro fijo está situado sobre Escorpio en el zodíaco. Está rodeado de serpientes y actualmente solo tiene importancia como figura astral, bajo la cual nacen los profetas y los médicos. Mediante esta transfiguración astrológica, el dios-serpiente se convierte en tótem. Es el

---

el color del desierto, o cuando sale de sus escondites secretos en la tierra. 5) El falo. Son estas cualidades las que hacen de la serpiente un símbolo relevante e indestructible de la ambivalencia de la naturaleza: de la muerte y de la vida, de lo visible y de lo invisible (cuyo ataque es imprevisible y mortalmente peligroso)».

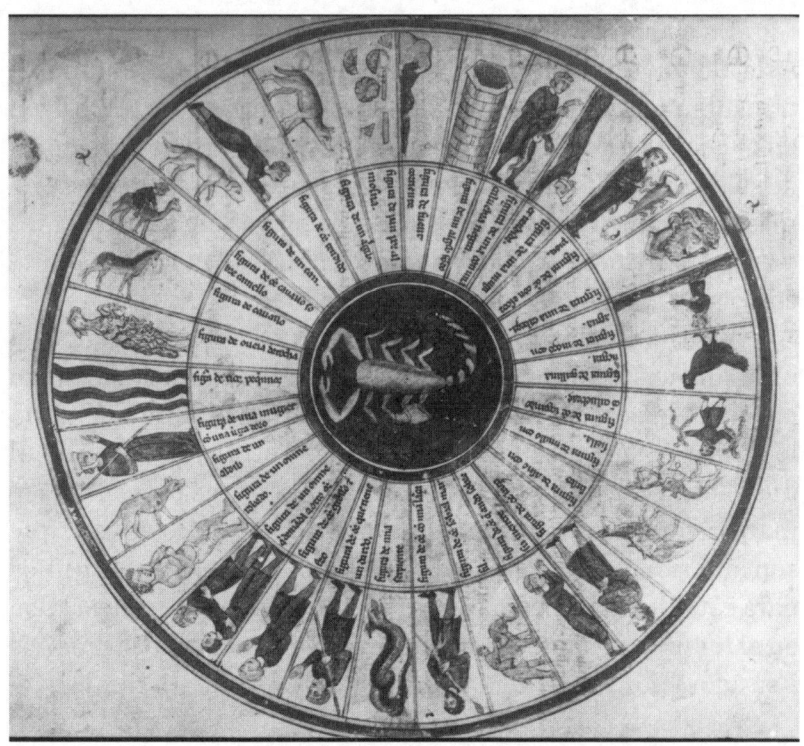

24. Asclepio en el signo de Escorpio. Roma, Ms. Reg. Lat. 1283, f. 7v.

progenitor de aquellos que nacen en el mes en el que es más visible. En la astrología de la Antigüedad, la matemática y la magia van de la mano. La imagen de la serpiente en el cielo, que constituye la constelación de la Gran Serpiente, es utilizada en matemáticas para definir la dimensión del universo. Los puntos resplandecientes son unidos mediante una imagen terrestre para poder concebir el concepto del infinito, que no podríamos comprender más que dentro de una noción dimensional. Así, Asclepio se nos presenta simultáneamente como medida de magnitud y como fetiche. La evolución de la cultura hacia la era de la racionalidad está marcada por la gradual transmutación de la tosca y concreta plenitud vital en la abstracción matemática.

Hace aproximadamente veinte años, en el norte de Alemania, junto al río Elba, encontré un asombroso ejemplo que demuestra la elemental indestructibilidad del mito de la serpiente. Resistente a todo intento de refutación religiosa e iluminista, nos indica, de manera retrospectiva, el camino recorrido por la imagen de la serpiente pagana.

Durante una excursión a la región de los Vierlande, encontré en el llamado *jubé* de una iglesia protestante de Lüdingworth unas ilustraciones bíblicas que en apariencia eran obra de un pintor ambulante que, evidentemente, las había copiado de una Biblia italiana ilustrada.

Consultándolas, apareció entre ellas la figura de *Laocoonte* junto a sus dos hijos, bajo el poder de la serpiente. ¿Cómo habría podido llegar a esta iglesia? Si *Laocoonte* encontró su salvación, ¿de qué manera lo hizo? Gracias al bastón de Asclepio, que se elevaba frente a él con la serpiente enroscada, conforme a lo que podemos leer en el cuarto libro del Pentateuco, donde Moisés ordena a los israelitas que erijan una serpiente de bronce en el desierto destinada a la adoración para protegerse del veneno de las serpientes.

Estamos frente a un fenómeno de la idolatría que prevalece en el Antiguo Testamento. No obstante, sabemos que se trata de un episodio puntual que serviría simplemente para demostrar, en retrospectiva, la existencia de tal ídolo en Jerusalén. En cambio, es significativo que un fetiche con forma de serpiente fuera destruido por el rey Ezequías en cumplimiento de los mandatos del profeta Isaías. Recordemos que la idolatría, con sus sacrificios humanos y sus cultos a los animales, representaba el enemigo íntimo contra el que los profetas luchaban encarnecidamente, lucha que puede ser vista como causa primordial de la reforma cristiana y oriental hasta nuestros tiempos. Está claro que la adoración de la serpiente está en total contradicción con los Diez Mandamientos y se opone completamente al rechazo a las imágenes que constituye la esencia de la reforma de los profetas.

Sin embargo, existe otra razón por la cual, para cualquier conocedor de la Biblia, no hay símbolo más adverso y provocador que el de la serpiente.

25. Giulio Romano, vendedor del antídoto contra la mordedura de serpiente. Mantua, Palazzo Te.

La serpiente en el árbol del Paraíso, como origen del mal y del pecado, rige el curso de los eventos del universo bíblico. Tanto en el Antiguo como en el Nuevo Testamento, la serpiente junto al tronco paradisíaco figura como la efigie del poder satánico que causó la tragedia de una humanidad pecadora que añora su redención.

En su combate contra la ideología pagana, el cristianismo temprano no adoptó una postura precisamente conciliadora frente al culto de la serpiente. En la visión de los paganos, san

Pablo, cuando arrojó al fuego a la víbora que lo había mordido, sin que él mismo muriese, probaba ser un mensajero protegido por la Providencia. Por consiguiente, la víbora venenosa merece la hoguera.

Tanta fue la impresión que produjo la inmunidad de Pablo al veneno de la víbora de Malta, que hasta el siglo XVI seguían presentándose muchos embusteros en las fiestas y ferias, los cuales, envueltos por serpientes vivas, aseguraban ser descendientes de san Pablo con el objetivo de poder vender «tierra de Malta» como antídoto contra las picaduras de la serpiente [fig. 25].

Aquí la supuesta inmunidad de los convencidos en su fe vuelve a confluir con las prácticas supersticiosas de la magia.

En la teología medieval encontramos el milagro de la serpiente de bronce conservado, curiosamente, como objeto de veneración legítima. Nada atestigua tan bien la indestructibilidad del culto a los animales como la supervivencia de este milagro dentro de la idiosincrasia del medievo. La teología medieval conservó de modo tan arraigado en la memoria el culto a la serpiente como objeto de superación que, con motivo de esta postura completamente aislada y contraria al sentido y a la teología del Antiguo Testamento, la imagen de la adoración de la serpiente en la imaginería llegó hasta la crucifixión misma [fig. 26]. La erección de la figura animal y la devoción de la multitud que se arrodillaba ante el antiguo bastón de Asclepio eran concebidos como una fase previa a la de una humanidad en espera de la redención. En un esquema tripartito de las etapas de la evolución —la de la Naturaleza, la de la Ley Antigua y la de la Gracia—, una fase más temprana en este proceso es la representación del impedimento del sacrificio de Isaac, análogo a la crucifixión. Las plásticas decorativas del monasterio de Salem, todavía dan fe de dicha división trifásica.

En el interior de la iglesia de Kreuzlingen, la misma idea de la evolución humana da lugar a unos asombrosos paralelismos cuya comprensión puede resultar difícil a aquellos que no

26. Serpiente de bronce y crucifixión del *Speculum humanae salvationis*. Londres, British Library, Add. Ms, 31303.

estén familiarizados con la teología. Aquí se encuentra, en la cúpula de la famosa capilla del Monte de los Olivos, al lado de la Crucifixión, una escena de adoración al ídolo pagano, representada con un *pathos* que no tiene nada que envidiar al grupo de *Laocoonte*. Aquí vemos a Moisés, del que la Biblia relata que rompió las Tablas de la Ley a consecuencia de la adoración al becerro de oro, como protector de una serpiente de cascabel, en referencia al propio Decálogo.

Espero haber demostrado a través de estas imágenes de la vida cotidiana de los indios pueblo, que las danzas de las máscaras no han de ser interpretadas como un juego infantil, sino como la manera pagana de responder al penoso e ineludible cuestionamiento en torno al porqué de las cosas: el indio contrapone su voluntad de comprensión a la ininteligibilidad de los procesos naturales, transformándose a sí mismo en la causa de los fenómenos percibidos. Instintivamente establece una causa lo más concebible e intuitiva posible para explicar el efecto incomprendido. La danza de las máscaras es la causalidad danzada.

Si religión significa unión,[11] entonces el síntoma de la evolución respecto a su estado primordial es la espiritualización de la unión entre el hombre y las entidades extrañas, no pasando ya a través del simbolismo de la máscara, sino mediante una invocación puramente mental, basada en una mitología lingüística sistemática. La devoción como voluntad mental no es, desde esta perspectiva, nada más que una refinación del método de enmascararse. En aquel proceso que solemos etiquetar como avance cultural, el ser en el que centramos nuestra devoción pierde su materialidad monstruosa y se convierte, a fin de cuentas, en un símbolo espiritual, invisible.

Esto significa que, en el reino de la mitología, no rige la ley de la unidad original. No se reduce la regularidad de los fenómenos naturales a un agente único y elemental; para comprenderlos se postula la existencia de un ser saturado de fuerza demoníaca que permite asir las causas de los sucesos enigmáticos. Lo que hemos aprendido hoy sobre el simbolismo de la serpiente puede darnos una idea, por breve que esta sea,

---

[11] Lactancio, *Divinae institutiones*, IV.

del proceso de transición de un simbolismo corpóreo y tangible, que se apropia físicamente de sus objetivos, hacia otro meramente espiritual y mental. Los indios todavía toman a la serpiente y la tratan como el agente viviente que genera la tormenta. Al ponérsela en la boca completan la unión efectiva entre el animal y la figura enmascarada, o por lo menos recuperan la imagen de la serpiente.

En la Biblia, la serpiente es el origen del mal y como tal es castigada con la expulsión del Paraíso. No obstante, vuelve a introducirse en un capítulo bíblico como indestructible símbolo pagano, como deidad curadora.

En la Antigüedad clásica, la serpiente como quintaesencia del dolor más profundo está representada en el sufrimiento de *Laocoonte*. Por otro lado, esta misma época es capaz también de explotar la enigmática fertilidad del dios-serpiente, representado en Asclepio, salvador y señor de las serpientes, situándolo en el cielo como divinidad astral con el reptil domado en sus manos.

En la teología medieval la serpiente se da a conocer nuevamente a causa de dicho pasaje bíblico, pero esta vez como símbolo del destino humano. En su ennoblecimiento —en este caso expresando la superación de una etapa de la evolución cultural— la encontramos unida a la descripción de la crucifixión.

Así, la serpiente resulta ser un símbolo intercultural para responder a la pregunta: ¿cuál es el origen de la destrucción elemental, de la muerte y del sufrimiento en el mundo? Hemos visto en Lüdingworth cómo el pensamiento cristiano recurre a la iconografía pagana para expresar la encarnación del dolor y de la redención. Podríamos decir que, ahí donde el impotente sufrimiento humano comienza a buscar la salvación, la serpiente como imagen y como explicación de la causalidad no puede estar muy alejada. La serpiente merece un capítulo propio dentro de la filosofía del «como si».

¿Cómo hizo la humanidad para librarse de esta imperiosa vinculación con el reptil venenoso que encarna la causa de las cosas? Nuestra época tecnológica puede prescindir de la

27. Estudiantes indios.

serpiente para explicar y comprender el rayo de la tormenta. El rayo ya no asusta al habitante de las ciudades, que dejó de añorar la terrorífica tormenta como única fuente del agua. Él dispone de sus acueductos, y el rayo-serpiente es desviado directamente a la tierra por el pararrayos. La racionalidad de las ciencias de la naturaleza elimina las explicaciones mitológicas. Hoy sabemos que la serpiente es un animal destinado a sucumbir, si el hombre así lo desea. El reemplazo de la causalidad mitológica por la tecnología elimina el temor que el hombre primitivo siente por este animal. Mas no puede afirmarse sin más que esta liberación de la visión mitológica verdaderamente ayude a dar una respuesta adecuada a los enigmas la existencia.

De forma enérgica y admirable, y al igual que anteriormente la Iglesia católica, el Gobierno americano ha llevado el sistema educativo a las moradas de los indios. Su optimismo intelectual parece haber logrado que los hijos de los indios vayan a la escuela vestidos de traje y uniforme escolar [fig. 27] y hayan dejado de creer en los demonios paganos. Esto se manifiesta en la mayoría de los objetivos educativos y de alguna forma significa un avance. Pero no me atrevería a afirmar que de esta manera se le rinda la debida justicia al imaginario del alma india o, por así decirlo, a su vinculación poética y mitológica.

Una vez emprendí el experimento de pedirles a los indios de dicha escuela que ilustraran una fábula alemana para ellos desconocida, *Hans Guck-in-die-Luft* [«Juan cabeza-en-el-aire»], en la que acaece una tormenta. Quería descubrir si los niños dibujaban el rayo de manera realista o con forma de serpiente. De los catorce dibujos, todos muy impetuosos y a la vez muy influenciados por la educación norteamericana, doce resultaron realistas, pero dos de ellos mostraban el invulnerable símbolo de la serpiente centelleante [fig. 1] tal como se encuentra en el *kiwa* [fig. 20].

Pero no dejemos caer nuestra fantasía en la imagen de la serpiente, que nos remite a los seres primitivos del mundo subterráneo. Subamos al techo de la casa-universo, miremos hacia arriba y recordemos las palabras de Goethe: «Si el ojo no fuese solar, jamás podríamos ver la luz».

La humanidad entera coincide en la adoración del sol. Asumirlo como símbolo de aquello que nos lleva desde las cavidades nocturnas hacia la superficie es un derecho tanto del salvaje como del hombre civilizado.

Los niños están ante una caverna.

Llevarlos a la luz no es solamente el deber de las escuelas americanas, sino el de toda la humanidad.

La relación con la serpiente de aquellos que buscan la redención oscila entre la devoción cultual, la cruda aproximación sensorial y la sublimación. Como demuestran los cultos de los indios pueblo, esta relación fue, y sigue siendo hasta el

28. El Tío Sam.

día de hoy, una evidencia del proceso de transición entre la apropiación mágica e instintiva y el distanciamiento espiritual que convierte al reptil venenoso en el símbolo de las potencias demoníacas de la naturaleza, que el ser humano tiene que superar dentro y fuera de su alma.

Esta tarde he podido mostrarles, aunque de manera superficial, la supervivencia actual del culto mágico a la serpiente como ejemplo de la condición primordial del ser humano, en cuya domesticación, abolición y sustitución está empeñada la civilización moderna.

Pude capturar, en una foto al azar que tomé en las calles de San Francisco, al conquistador del culto a la serpiente y del miedo a la tormenta, al heredero de los nativos y de los buscadores de oro que desplazaron al indígena: el Tío Sam. Lleno de orgullo y con su sombrero de copa, deambula por la calle frente a la ondulada imitación de un edificio antiguo, mientras que por encima de su sombrero se extiende el cable eléctrico [fig. 28]. Mediante esta serpiente de cobre, Edison ha despojado del rayo a la naturaleza.

La serpiente de cascabel ya no causa temor al americano contemporáneo: lejos de adorarla, trata de extinguirla. Lo único que hoy se le ofrece a la serpiente es su exterminio. El rayo apresado dentro del cable y la electricidad prisionera han creado una cultura que aniquila al paganismo. Pero ¿qué es lo que se ofrece a cambio? Las potencias naturales ya no son vistas como elementos antropomorfos o biomorfos, sino como una red de ondas infinitas que obedecen dócilmente a los mandatos del hombre. De esta manera, la cultura de la máquina destruye aquello que el conocimiento de la naturaleza, derivado del mito, había conquistado con grandes esfuerzos: el espacio de contemplación, que deviene ahora en espacio de pensamiento.

Como un Prometeo o un Ícaro moderno, Franklin y los hermanos Wright, que han inventado la aeronave dirigible, son los fatídicos destructores de la noción de distancia que amenaza con reconducir este mundo al caos.

El telégrafo y el teléfono destruyen el cosmos. El pensamiento mítico y simbólico, en su esfuerzo por espiritualizar la conexión entre el ser humano y el mundo circundante, hace del espacio una zona de contemplación o de pensamiento que la electricidad hace desaparecer mediante una conexión fugaz.

Kreuzlingen, 26 de abril de 1923

Querido doctor Saxl:

Le pido solemnemente que no muestre a nadie, sin mi expreso consentimiento, el manuscrito de la conferencia titulada «Imágenes de la región de los indios pueblo de América del Norte», pronunciada en el sanatorio Bellevue el 21 de abril de 1923. Esta conferencia careció tanto de información como de fundamento filológico, por lo que su valor –si es que lo tiene– existiría solo a condición de ampliarla con algunos documentos sobre la historia del pensamiento simbólico. De todas formas, sería necesario someterla a una detenida revisión para poder elaborar un contenido fidedigno.

Esta horrible convulsión de rana decapitada solo puede mostrarse a mi querida esposa, y algunas partes también al doctor Embden, a mi hermano Max y al profesor Cassirer. A este último desearía pedirle que tome en cuenta, de tener tiempo, los fragmentos comenzados en Estados Unidos. Pero absolutamente nada de esto debe ser publicado.

Permítame expresarle mi más sincero agradecimiento por los servicios de partero que me ha brindado durante el alumbramiento de esta criatura monstruosa.

Lo saludo muy atentamente,

Firma: Aby Warburg
Kreuzlingen (Suiza)
SANATORIO BELLEVUE

EPÍLOGO
ULRICH RAULFF

29. Warburg con una máscara india, 1896.

La conferencia de Aby Warburg en Kreuzlingen es un edificio con varias puertas de acceso: según la que se elija, muta el paisaje, cambian los caminos y las bifurcaciones, y se encuentran cruces imprevistos. En el proceso de lectura, se vislumbran conexiones biográficas e intelectuales nuevas, así como una multitud de corrientes espirituales, sociales y políticas de la época. Debería decir *de las épocas*, puesto que la conferencia abarca, desde su génesis hasta su versión definitiva, aproximadamente tres décadas. Las circunstancias de esta génesis, aunque de naturaleza externa, son conocidas en buena medida, y es posible leerlas en otros textos:[1] aquí espero poder añadir algunas particularidades.[*]

Poco se sabe, y es legítimo creer que esto sea intencionado, sobre el origen y el desarrollo de la enfermedad de Aby Warburg.[2] Lo que se sabe es que la Primera Guerra Mundial y su resultado, la derrota alemana y la caída de la monarquía, contribuyeron esencialmente a perturbar su equilibrio mental. Queda abierto a la especulación si el problema ha de ser visto

---

[1] Cfr. Ernst H. Gombrich, *Aby Warburg. Eine intellektuelle Biographie*, Europäische Verlaganstalt, Fráncfort del Meno, 1981, pp. 117-23 y 295-304 [trad. esp. *Aby Warburg, una biografía intelectual*, Madrid, Alianza, 1992]; Fritz Saxl, *Warburg's Visit to New Mexico*, en *Aby M. Warburg. Ausgewählte Schriften und Würdigungen*, al cuidado de Dieter Wuttke, Koerner, Baden-Baden, 1980, pp. 317-26; Michael Diers, *Kreuzlingen Passion*, en, «Kritische Berichte», VII, 4-5, 1979, pp. 5-14.

[*] Sin embargo, mis notas se atienen a lo que ya se ha escrito, o mejor dicho, a lo que ya se ha publicado. Mi epílogo –quiero aclararlo de una vez– no recurre a ningún material inédito, y todo lo que espero poder mostrar o indicar mediante estas reflexiones está basado en la lectura de textos publicados. El fundamento de mis enunciados no es el archivo, sino la biblioteca (pública).

[2] Sobre la enfermedad de Warburg cfr. Carl Georg Heise, *Persönliche Erinnerungen an Aby Warburg*, s.e., Nueva York, 1947, pp. 42-50.

como un «efecto aislado» sobre una mente de por sí propensa a la enfermedad, o si cabe entenderlo como la desdicha de una identidad política, étnica y religiosa extremadamente compleja y frágil que, formada tanto en la adhesión al sistema político de la Alemania guillermina (fue uno de los llamados *Hamburger Kaiserjuden* [«judíos hamburgueses del káiser»]) como en su renuncia a él, tanto en la identificación con el judaísmo como en la ruptura con la práctica religiosa, no había podido resistir la presión de las circunstancias.[3] En todo caso, Warburg logró concluir su obra *Heidnisch-antike Weissagung in Wort und Bild zu Luthers Zeiten* [«La profecía pagana en palabras e imágenes en la época de Lutero»] para la Academia Científica de Heidelberg. El trabajo fue presentado el 25 de octubre de 1919 por su amigo Franz Boll y publicado un año más tarde. Tras pasar semanas y meses de sufrimiento en Hamburgo y luego en una clínica privada en Jena, parece que Warburg resolvió, a mediados de abril de 1921,[4] entregarse a la supervisión psiquiátrica de Ludwig Binswanger en Kreuzlingen.

Proveniente de una renombrada familia de psiquiatras y neurólogos, Ludwig Binswanger (1881-1966) heredó de su padre, Robert Binswanger, la dirección de la clínica privada Bellevue en 1911. Ya en 1906 había adquirido gran reconocimiento como médico voluntario en el hospital universitario Burghölzli de Zúrich, por sus primeros intentos de integrar el psicoanálisis en la psiquiatría clínica.[5] En 1907, como asistente de Carl Gustav Jung, visitó a Freud en Viena. La amistad entre Freud y Binswanger, pese a las ulteriores diferencias en el campo profesional, condujo al establecimiento de una correspondencia postal muy animada, que no se interrumpió hasta el fallecimiento

---

[3] Cfr. Hans Tramer, *Die Hamburger Kaiserjuden*, en «Bulletin of the Leo Baeck Institute», IX, 1960 y Hans Liebeschütz, *Aby Warburg (1866-1929) as Interpreter of Civilisation*, en «Year Book of the Leo Baeck Institute», XVI, 1971.
[4] Este dato se extrae de la correspondencia con Franz Boll. Agradezco la información a la señora Claudia Naber di Berlino.
[5] Siguiendo a Wolfgang Blankenburg, *Die Daseinsanalyse*, en AA.VV., *Die Psychologie des 20. Jahrhunderts*, vol. III, *Freud and die Folgen*, Kindler, Zúrich, 1977.

de Freud. A menudo, Freud remitía a Bellevue a sus pacientes para una terapia psicoanalítica, y sobre algunos de estos casos existe una historial clínico compartido. Binswanger desarrolló creativamente las teorías de Freud y las proveyó de fundamentos humanísticos y filosóficos para eliminar su implícito «naturalismo». Su profundo interés por la fenomenología husserliana y por la ontología fundamental de Heidegger (el análisis del «ser en el mundo») lo llevaron a fundar la llamada «psicología existencial». Este método se diferencia del psicoanálisis clásico por su énfasis en la reflexión del proceso analítico, y por una mayor implicación del analista (en otras palabras, por la mayor consideración de la «transferencia» entre médico y paciente), y también por la atención prestada no solo al dato biográfico, sino a las «necesidades interiores» que lo han vuelto importante, no solo al «significado» de la historia personal del paciente, sino también a su «estilo». Binswanger intentó demostrar, concentrándose en diferentes casos de manía, que ciertos tipos de psicosis, así como algunas formas de esquizofrenia, podían ser analizados y aún captados con mayor precisión mediante la psicoterapia existencial.[6] Además, debe recordarse el carácter confidencial de las relaciones humanas que aportaba al singular ambiente terapéutico del Bellevue. El clima de confianza entre médicos y pacientes se manifestaba, por ejemplo, en la costumbre de comer juntos en la misma mesa. Retrospectivamente, se obtiene la imagen de una terapia «dulce» y lenta, basada esencialmente en los poderes de autocuración.[7] En el caso de Warburg, cuya férrea voluntad de superar los miedos y las obsesiones que lo acechaban queda testimoniada en varias ocasiones, este tratamiento parece haber sido particularmente adecuado.

---

[6] Cfr. Roland Kuhn, *Daseinsanalyse*, en *Lexikon der Psychiatrie*, al cuidado de C. Müller, Springer, Berlín-Heidelberg-Nueva York, 1973. Cfr. también Roland Kuhn, *Daseinsanalyse und Psychiatrie*, en *Psychiatrie der Gegenwart*, al cuidado de H. W. Gruhle *et al.*, vol. I, tomo II, Springer, Berlín-Gotinga-Heidelberg, 1963.
[7] En este sentido se expresa también Heise, *op. cit.*, p. 48.

En la primavera de 1923, cuando se encontraba en vías de recuperación, Warburg propuso a Binswanger dar una conferencia ante los médicos y los pacientes de la clínica, para probar que se encontraba nuevamente en condiciones de realizar trabajos científicos y por tanto de volver –en un futuro próximo– a su vida habitual. La propuesta fue aceptada y Warburg empezó de inmediato con los preparativos, reuniendo aproximadamente cincuenta diapositivas, cuya producción encargó al doctor Fritz Saxl en Hamburgo. Y así, el 21 de abril de 1923, Warburg presentó la conferencia sobre el ritual de la serpiente de los indios pueblo de Norteamérica.

INVESTIGADORES Y MECENAS

Para preparar la conferencia, Warburg utilizó apuntes y material variado recolectado casi tres décadas atrás, entre 1895 y 1896, en su viaje al suroeste de los Estados Unidos. En los borradores de la conferencia de Kreuzlingen encontramos explicaciones acerca de los motivos de aquel viaje:

> Exteriormente, como motivo primordial indicaría que el vacío creado por la civilización en el este de los Estados Unidos me causaba un rechazo tan profundo, que resolví emprender una fuga aventurada hacia el mundo de los objetos reales y de la ciencia, dirigiéndome a Washington, para visitar la Smithsonian Institution, que puede ser descrita como el cerebro y la conciencia científica del este estadounidense. En efecto me encontré allí, representados por Cyrus Adler, por el señor Hodge, por Frank Hamilton Cushing y especialmente por James Mooney (así como por Franz Boas en Nueva York), con los pioneros de la investigación de los pueblos indígenas. Ellos me abrieron los ojos, y me hicieron comprender la importancia universal de la América prehistórica y «salvaje», de manera que decidí inspeccionar tanto los aspectos modernos, como los cimientos hispano-indígenas del oeste americano.

Debo añadir un impulso romántico: el deseo de una actividad de alguna forma más valerosa que las que había experimentado hasta entonces, y todavía me atormentaba el remordimiento y la vergüenza de no haber permanecido junto a mi hermano y a la familia de mi querida esposa durante la epidemia de cólera de Hamburgo. Además, había desarrollado un verdadero asco al esteticismo de la historia del arte. La consideración formal de la imagen —incapaz de comprender su necesidad biológica como producto intermedio entre la religión y el arte— [...] me parecía no producir más que un estéril conjunto de palabras...[8]

El motivo aparente del viaje a Norteamérica fue la boda de su hermano Paul, que tuvo lugar el 1 de octubre de 1895 en Nueva York. Aunque Warburg decidió finalmente emprender su propio camino en Norteamérica, cabe reparar un instante en sus familiares neoyorquinos.

Con una diferencia de apenas dos años el uno del otro, dos de los cinco hijos de Moritz M. Warburg habían contraído matrimonio en Nueva York, emparentando de alguna forma con la misma «casa», la importante banca Kuhn, Loeb & Co. Paul. El tercero de los hermanos después de Aby y Moritz, se casó en octubre de 1895 con Nina Loeb, hija de Salomon Loeb, uno de los propietarios de la empresa. Felix, el cuarto de los hermanos Warburg, se había casado ya en marzo del mismo año con Frieda Schiff, hija única de Jacob H. Schiff, que era a su vez el director de la empresa y yerno de Salomon Loeb (de esta manera, Paul se convirtió en el tío de su hermano Felix). La doble conexión familiar entre las casas bancarias Kuhn, Loeb & Co. de Nueva York y M. M. Warburg & Co., de Hamburgo, resultó ser de esencial importancia para el curso futuro del banco alemán, especialmente en 1931, año de la quiebra financiera de muchos bancos. Desde luego, sin el apoyo que la parentela americana

---

[8] Cfr. Gombrich, *op. cit.*, p. 117. Warburg se refiere aquí a la epidemia de cólera que tuvo lugar en Hamburgo en 1892.

dispensó en los tiempos de la crisis económica mundial, el financiamiento de la biblioteca de Warburg hubiera resultado considerablemente más difícil, por no decir imposible, durante el año de la depresión (inflación, crisis económica mundial).

Acerca del parentesco americano, cabe destacar una peculiaridad que probablemente haya inspirado a Warburg con respecto a la obra de su vida: el proyecto de crear una biblioteca pública. Me refiero a la inclinación a la filantropía y al mecenazgo de la que Paul y –muy especialmente– Felix dieron muestra en los años siguientes. De hecho, cuando Warburg llegó a Norteamérica, los Loeb y los Schiff ya se habían hecho un nombre como mecenas activos.[9] Por consiguiente, es legítimo interpretar la intensa dedicación de Warburg al patrocinio cultural, que reveló tanto facetas teóricas e históricas (obsérvense sus investigaciones sobre la burguesía florentina) como actuales y prácticas (piénsese en los argumentos que empleó para convencer a sus hermanos del financiamiento de la biblioteca),[10] como una herencia de los usos americanos en materia de promoción cultural.[11]

Entre los contactos y benefactores enumerados por Warburg en el pasaje anteriormente citado, probablemente sea Franz Boas el único que también resulte conocido para los no especialistas en la materia: este personaje, descendiente de una familia judía de Westfalia que emigró de Berlín a Estados Unidos a mediados de los años ochenta, es el padre de

---

[9] Nos limitaremos a recodar a James Loeb, nacido en 1867 y fundador del Institute of Musical Art of New York, y de la Deutsche Forschungsanstalt für Psychiatric y de la extraordinaria Loeb Classical Library. Sobre la vertiente americana de la familia, cfr. el extraordinario artículo de Geoffrey T. Hellman, «A Schiff Sortie and a Warburg Wallow, or, Churning Around with the Churnagooses», en *The New Yorker*, 11 de junio de 1955. Para ver la historia de la banca M. M. Warburg & Co., y sus relaciones internacionales, cfr. Eduard Rosenbaum, «M. M. Warburg & Co. Merchant Bankers of Hamburg», en *Year Book of the Leo Baeck Institute*, VII, 1962.

[10] Cfr. Gombrich, *op. cit.*, pp. 167-68.

[11] Como hacen Hans Liebeschütz, *op. cit.*, y Eveline Pinto; cfr. E. Pinto, «Mécénat familial et histoire de l'art: Aby Warburg et l'"iconologie critique" (1866-1929)», en *Revue de synthèse*, IV, 1, 1987.

la antropología cultural. Dejémoslo de lado por un momento para poner nuestra atención en la persona de Cyrus Adler (1863-1940), quien presuntamente fue el hombre que puso a Aby Warburg en contacto con la Smithsonian Institution, algo que pudo hacer por dos razones: primero, desde 1892 era el bibliotecario del instituto; en segundo lugar, y quizás sea este el factor primordial, desde 1890 era docente en lenguas semíticas de la Johns Hopkins University y combinaba, al igual que Warburg, sus intereses antropológicos con el estudio de la historia de la religión. Sin embargo, a diferencia de Warburg, Adler era un judío practicante y militante: fundó la American Historical Jewish Society (1892), publicó los primeros siete tomos del *American Jewish Yearbook* (1899-1905), reorganizó el Jewish Theological Seminary of America y fue cofundador del American Jewish Committee.

En general, llama la atención la fuerte identificación con el judaísmo que prevalecía dentro del ambiente que Warburg frecuentaba en Nueva York y en Washington (en el que sus hermanos se integraron rápidamente). J. H. Schiff (1847-1920), cuya biografía fue publicada más tarde por Cyrus Adler, «era notorio por su activo anti-antisemitismo [...], fue él la fuerza pujante de las diversas protestas americanas y hasta diplomáticas contra las persecuciones que amenazaban a los judíos en Rusia a finales de los años noventa».[12] Durante la guerra entre Rusia y Japón, el mismo Schiff se ocupó de frustrar, en lo posible, los empréstitos de guerra a los rusos «para defender los intereses judíos».[13] Warburg no se mostraba indiferente a la causa projudía, al menos allí donde, como en el caso de Adler, iba unida a intereses antropológicos. Cinco años después, en 1900, Aby Warburg, dando fe de su compromiso con la «cuestión judía», comenzó la elaboración del *Psychologischer*

---

[12] Alfred Vagts, «M. M. Warburg & Co, Ein Bankhaus in der deutschen Weltpolitik 1905-1933», en *Vierteljahrschrift für Sozial- und Wirtschaftsgeschichte*, XLV, 3, 1958, pp. 300-301.
[13] *Ibid.*, p. 301.

30. Smithsonian Institution, Washington, hacia finales del siglo XIX.

Querschnitt der deutschen Juden [«Cuadro psicológico del judío alemán»], aunque quedó incompleto.¹⁴ Queda por ver en qué medida estos dos aspectos —la preocupación por la suerte del judaísmo y el interés por la antropología— se conciliaban en la personalidad de Warburg.

Fundada en 1846, con el objetivo de promover la investigación en las ciencias naturales, la Smithsonian Institution fue ampliada, en 1879, a efectos de un decreto del Congreso, con la adquisición del Bureau of American Ethnology, dedicado a la investigación sobre los pueblos indios de Norteamérica. Los *Annual Reports* del BAE sirvieron a Warburg, durante el período de su estancia en el país, como una fuente de valor inestimable acerca de los mitos y las costumbres indígenas. Lo que Warburg tenía en mente, la exploración comparativa y transcultural de los mitos, rituales y simbolismos, encuentra, en cierto modo, un equivalente en el ensayo de James Mooney «The Ghost-dance Religion and the Sioux Outbreak of 1890», en el que Mooney trata de encontrar paralelismos entre dicha religión indígena y las tradiciones hebreas y musulmanas, así

---

¹⁴ Cfr. Liebeschütz, *op. cit.*, p 229.

31. *Ghost-dance* de los indios sioux.

como con la historia de Juana de Arco y las costumbres de los flagelantes y los cuáqueros.[15] La insurrección de los sioux acompañada de las *ghost-dances* —el último resplandor mesiánico de orgullo y de afirmación de la propia identidad indígena, de la que Mooney hace el recuento— en 1890 fue sofocada sangrientamente en Wounded Knee: otra señal funesta para la investigación sobre los indios. A mediados de los años noventa, en la época del viaje de Warburg, tal búsqueda alcanzó una escala y una intensidad sin precedentes. Las investigaciones científicas de la época se concentraban en catalogar los restos de la cultura indígena bajo aspectos arqueológicos, etnológicos y lingüísticos, y como testimonio, entre otros, encontramos el monumental *Handbook of American Indians North of Mexico* de F. W. Hodge (Washington, 1907-1910). Fue entonces cuando aparecieron las nuevas tecnologías como la fotografía y la fonografía: Edward Curtis creó una antología ilustrada de los indios de Norteamérica en veinte tomos, mientras que Jesse

---

[15] James Mooney, «The Ghost-dance Religion and the Sioux Outbreak of 1890», en *Annual Report of the Bureau of American Ethnology*, XIV, 2, 1882-1893, cap. XVI, pp. 928 y ss.

32. Jesse Walter Fewkes.

Walter Fewkes, además de fotografiar la danza de la serpiente de los hopi, grabó en cilindros de cera los cánticos de esta tribu, creando así la primera grabación fonográfica de la música indígena. Fewkes, al que Warburg menciona repetidas veces en su conferencia de Kreuzlingen, había visitado anualmente a los hopi desde 1889. Permaneció entre ellos largas temporadas, estudiando los elementos materiales y ceremoniales de sus costumbres. En el anuario decimosexto y decimonoveno del Bureau of American Ethnology —el de 1894-1895 y el de 1897-1898 respectivamente— fueron publicadas sus extensas notas sobre el ritual de la serpiente de los hopi («también conocidos como indios moki»)[16] que constituyeron el fundamento de la conferencia de Kreuzlingen de Aby Warburg. No obstante, de todos los interlocutores que Warburg conoció en Washington, Cushing probablemente fue el más ilustre.

El genial Frank Hamilton Cushing (1857-1900), el «hombre que se volvió indígena», transitaba dos mundos paralelos: la civilización moderna y científicamente evolucionada del este

---

[16] Jesse Walter Fewkes, «Tusayan Snake Ceremonies», en *Annual Report of the Bureau of American Ethnology*, XVI, 1894-1895, y *Tusayan Flute and Snake Ceremonies*, ibid., XIX, 2, 1897-1898.

33. Frank Hamilton Cushing.

de los Estados Unidos y la cultura arcaica de los pueblos nativos de Norteamérica. Cushing, que fue un investigador autodidacta desde su niñez, desarrolló una conciencia extraordinaria y también práctica de la vida indígena y de sus peculiaridades. Su «estudio» comenzó con una expedición entre los zuñi, una tribu perteneciente a los pueblo en Nuevo México. A su regreso, solo cinco años después, al tiempo de ser un iniciado, había sido condecorado, además, por los miembros de la tribu, con el rango de «sacerdote de arco». Cushing, que como Warburg era de constitución débil y sufría de una salud precaria, debió ejercer una fascinación extraordinaria sobre el autor de la conferencia de Kreuzlingen, por su capacidad de poder mediar entre la conciencia mítico-primitiva y la racionalista de las civilizaciones evolucionadas. Su *Outlines of Zuñi Creation Myths* (publicado por Cushing en el anuario decimotercero del BAE, 1891-1892) fue en todo caso una de las lecturas fundamentales de Warburg, de la que es posible observar el rastro aun en la conferencia de Kreuzlingen.

También Matilda Coxe Evans Stevenson (1849-1915) estuvo entre los pioneros de la investigación indígena del BAE y, junto con Cushing, fue la mayor conocedora de los zuñi, sobre los que publicó varios escritos. Reconocida oficialmente en 1884

34. Matilda Coxe Evans Stevenson, seguida por su marido, discute con un indio pueblo. Caricatura de la época.

como la primera investigadora femenina en su campo en los Estados Unidos, fundó la Women's Anthropological Society of America. Su artículo «Religious Life of the Zuñi Child», publicado en el quinto anuario del BAE (1883-1884), situaba por primera vez al niño en el centro de la atención antropológica. En sus investigaciones de campo era intrépida hasta las últimas consecuencias, como demuestra la siguiente anécdota: después de participar, pese a todas las advertencias y tentativas de disuadirla, en una ceremonia hopi, fue encerrada en un *kiwa* subterráneo por los indios, de manera que tuvo que acudir en su rescate el comerciante irlandés Thomas Keam, a quien Warburg conoció y a quien menciona en el relato de su visita. Matilda Coxe Evans Stevenson se interesaba especialmente por las transformaciones culturales que los pueblo experimentaban a causa del avance de la civilización moderna, (un tema que

35. Keam Canyion; en primer plano, probablemente, Thomas Keam.

también Warburg aborda en su conferencia). Dedicada apasionadamente a la etnobotánica, creó un herbolario en el cual agrupó alrededor de doscientas plantas comestibles, medicinales y rituales comúnmente utilizadas por los zuñi. Al igual que los demás pioneros de la antropología indígena de la época, la señora Stevenson era autodidacta.

    Antes de dirigirse a San Ildefonso y a Acoma, donde tras conocer previamente las nuevas universidades del oeste visitó a los hopi de Oraibi y de Walpi, Warburg decidió detenerse en una civilización que era considerada la más antigua de Norteamérica: los anasazi. Los «viejos», como los llamaban los navajos, habían sido los primeros habitantes de las cavernas de la Mesa Verde. Estas cavernas, las famosas *cliff-dwellings*, habían sido descubiertas en 1888, siete años antes de la visita de Warburg, por un ranchero de Mancos Valley llamado Richard

Wetherhill; en los años noventa, J. W. Fewkes realizó sus investigaciones arqueológicas en esa zona. En diciembre de 1895, cuando Warburg visitó a Wetherhill se quedó en su rancho durante unas semanas y aprovechó la ocasión para ver las *cliffdwellings* y conocer de esa manera una civilización anterior a la de los pueblo.[17]

LOS GRIEGOS EN LA PRADERA

El hecho de que Warburg estuviera al tanto de los últimos avances de la antropología cuando decidió visitar a los pueblo, no se debe únicamente a sus contactos con el mundo científico americano. «Warburg había sido», nos relata más tarde Fritz Saxl, «discípulo de Usener, es decir, de una corriente dentro de la ciencias religiosas que –al igual que Frazer en Inglaterra– buscaba comprender los orígenes y los textos clásicos de las religiones griega y romana mediante el estudio de las culturas paganas todavía existentes. Por tanto, llegó a Albuquerque, a Santa Fe y a la región de la Mesa Verde como un discípulo de Usener».[18]

Como demostró Ernst H. Gombrich y, más recientemente, Ronald Kany,[19] Warburg adoptó la idea de Usener de definir el surgimiento de la mitología antigua como un problema psicológico para cuyo análisis resultaría necesario recurrir, en la medida de lo posible, a la investigación etnológica y antropológica. Parece que, a finales del siglo XIX, hubiera resurgido, aunque dentro de un contexto científico diferente, la antigua idea de poder deducir de las manifestaciones míticas prevalecientes entre los «primitivos» de Norteamérica y África, los orígenes de la civilización europea. Si nos tomamos la

---

[17] Debo esta información sobre el viaje de Warburg a las *cliff-dwellings* a la señora Claudia Naber di Berlino.
[18] *Op. cit.*, p. 318.
[19] *Mnemosyne als Programm. Geschichte, Erinnerung und die Andacht zum Unbedeutenden im Verk von Usener, Warburg and Benjamin*, Niemeyer, Tubinga, 1987.

36. Cliff-Palace, Mesa Verde.

37. Los cinco hermanos Wetherill en 1893; en el centro Richard Wetherill, descubridor de las *cliff-dwellings*.

molestia (como ha hecho Frederick J. Teggart y como Gombrich ya señaló) de reconstruir el camino de esta idea, de la que tomará su impulso el método comparativo del estudio de las culturas, encontraremos las primeras formulaciones modernas en los pensamientos de Thomas Hobbes (*Leviatán*, 1651) y John Locke (*Ensayo sobre el gobierno civil*, 1690); y hablamos de las primeras formulaciones «modernas», porque ya en la Grecia clásica comparaban a la Grecia antigua con los bárbaros de su tiempo. Así, para Locke, América «is still a pattern of the first ages in Asia and in Europe».[20] En efecto, esta clase de comparaciones cuentan con una larga historia que nace con el descubrimiento del Nuevo Mundo:

> En las obras de los principales autores del siglo XVI, tales como Américo Vespucio, Fernando Colón, Geraldini, Oviedo, Pedro Mártir de Anghiera, salta a la vista la tendencia a querer encontrar, mediante la observación de los pueblos que fueron descubiertos en aquel entonces, todo aquello que nos relataron los griegos sobre los orígenes del mundo y las costumbres bárbaras de los escitas y africanos. De la mano de estos ilustres viajeros, que nos trasladan al otro hemisferio, creemos poder transitar los tiempos pasados, porque las hordas americanas, con su inocencia primitiva, representan para el europeo una especie de Antigüedad contemporánea.[21]

Sin embargo, hasta principios del siglo XVIII, este modo de comparación no contaba con los fundamentos teóricos ni con las formalizaciones metodológicas necesarias para ser practicado sistemáticamente. El primer trabajo notable dentro de este género procede del padre jesuita Joseph-François Lafitau: *Les Mœurs des sauvages Ameriquains comparées aux mœurs des*

---

[20] Frederick J. Teggart, *Theory and Processes of History*, Peter Smith, Gloucester, Mass., 1972, p. 94.

[21] Alexander von Humboldt, *Reise in die Aequinoctial-Gegenden des neuen Continents*, Cotta'sche Buchhandlung, Stuttgart, 1860, vol. III, p. 289.

premiers temps.²² Lafitau, suponiendo semejanzas entre lo que Heródoto relata sobre las costumbres más antiguas de los griegos y aquello que habían observado los viajeros en el Nuevo Mundo, intentó descubrir, aportando experiencias propias a su minucioso estudio de las costumbres de los indios, la marca de una fe originaria y no contaminada. Su esfuerzo produjo una hipótesis que suponía un parentesco genealógico entre los hurones, los iroqueses y los antiguos habitantes de Grecia. También creyó haber encontrado, a partir de lo que había observado entre los indios, la llave para la comprensión de los orígenes hebreos en los que se basan las religiones mosaica y premosaica:

> ¿Qué habían ofrecido los israelitas a sus ídolos en el desierto, mientras Moisés se entrevistaba con Dios y recibía el Decálogo de sus manos? ¿Qué fue el becerro de oro, sino una representación del culto isíaco? *Mi estudio de la mitología pagana me ha señalado el camino hacia un nuevo andamio del saber, sobre el cual podré ascender e ir mucho más allá de los tiempos de Moisés.*²³

«De este modo», comenta Pierre Vidal-Naquet acerca de Lafitau, «el padre jesuita introdujo un *tertium* en la *querelle des Anciens et des Modernes*. Los griegos y los romanos y —cosa definitivamente más considerable— los hebreos perdieron la supremacía cultural que la *erudición* del Renacimiento y del siglo XVII les habían atribuido».²⁴

Tanto la estrategia de explicación teológica (la Revelación única y común a todos los pueblos) como la hipótesis de la parentela originaria, fueron desplazadas en el correr de los siglos por la idea de una escala evolutiva del espíritu humano

---

²² Sangrain l'Aîné, París, 1724. Sobre Lafitau cfr. también Friedrich Meinecke, *Die Entstehung des Historismus*, en *Werke*, Oldenbourg, Munich, 1965, vol. III, pp. 70-72 [trad. esp. *El historicismo y su génesis*, FCE, México, 1943].
²³ Lafitau, *op. cit.*, p. 7.
²⁴ Pierre Vidal-Naquet, *Les jeunes. Le cru, l'enfant grec et le cuit*, en *Faire de l'histoire*, al cuidado de J. Le Goff y P. Nora, Gallimard, París, 1974, vol. III, p. 138.

y de la civilización (lo que ayudó a instituir comparaciones históricas contra especificidades en los métodos comparativos y transformó en obsoleta la disputa sobre la llegada de los pelasgos a Norteamérica). Además, se produjo un incremento del interés por las particularidades de las religiones primitivas. En su obra *Du culte des dieux fétiches*, (1760), Charles de Brosse subrayó con énfasis el valor de la comparación, pero rechazó la idea de que se pudiera comparar todo aquello que presentase alguna similitud:

> La serpiente de cobre, por ejemplo, que fue levantada en el desierto por mandato de Jehová, solo fue considerada como un remedio contra la picadura de las serpientes en el desierto, y no tiene nada que ver con el fenómeno del fetichismo.[25]

Surgió aquí una perspectiva que posteriormente habría de reflejarse en las teorías de Lévy-Bruhl, Freud y Jung: el salvajismo como estado de filogenia infantil, el de la barbarie como infancia espiritual.[26] En su epílogo al libro de De Brosse *Einleitungsversuch über Aberglauben, Zauberey und Abgötterey* [Tratado introductorio acerca de las supersticiones, la magia y la idolatría], el traductor del texto, Hermann Andreas Pistorius, hace una revisión de la comparación cultural hasta llegar a un punto que mucho más tarde habría de ser recogido por Aby Warburg, precisamente en la conferencia de Kreuzlingen. Pistorius escribe: «Mientras que los adeptos del dios del trueno trataban de precaverse de los efectos desastrosos del rayo mediante sus plegarias, votos y sacrificios, el filósofo apaciguó el miedo supersticioso a la tormenta mediante la razón, observó el parecido entre el centello y la electricidad, e inventó el pararrayos».[27]

---

[25] Charles de Brosse, *Über den Dienst der Fetischengötter oder Vergleichung der alten Religion Egyptens mit der heutigen Religion Nigritiens*, Lange, Berlín-Stralsund, 1785, p. 106 [ed. orig. *Du culte des dieux fétiches, ou Parallèle de l'ancienne religión de l'Égypte avec la religion actuelle de Nigritie*, s.l., 1760]. Ver también su rehabilitación de los pelasgos, *ibid.*, p. 111.
[26] *Ibid.*, pp. 144 y 151.
[27] En el apéndice a De Brosse, *op. cit.*, p. 256.

Cuando un siglo después de De Brosse, Usener propagó la comparación de las distintas formas del paganismo para poder explicar el surgimiento de los mitos, la idea de una evolución cultural universal y unidireccional ya era algo ampliamente desechado. Por ello, la época cercana al año 1890 marca un hito en el curso de las ciencias mitológicas, substituyendo sucesivamente la investigación histórica de C. O. Müller, así como la comparación indogermánica de M. Müller, por la perspectiva folclórica de W. Mannhardt y la etnología de E. Tylor y G. Frazer.[28] Quien en esa época emprendía un viaje a Norteamérica como experto en mitología comparada o como investigador cultural, ya no pretendía trazar una historia de la evolución progresiva de la humanidad, sino que buscaba explorar la vida espiritual de los pueblos primitivos con la finalidad de entender la génesis del pensamiento primitivo y, desde ese punto, pasando por la etapa de los griegos, entendernos a nosotros los modernos. Dicho de forma precisa, Aby Warburg no buscaba encontrar en las praderas americanas al griego mitopoiético, sino al ser humano creador de símbolos.

Recientemente se ha comenzado a reconocer el gran valor como foro intelectual y de intercambio científico que tuvo la revista *Zeitschrift für Völkerpsychologie und Sprachwissenschaft*, publicada por Moritz Lazarus y Heymann Steinthal desde 1860. De acuerdo a una interpretación reciente, es en estas publicaciones, y no a partir de la obra de Franz Boas, donde surgen los fundamentos de la antropología moderna. Estos trabajos parecen haber iniciado, comprometidos a su vez con la «cuestión judía»,[29] la lectura plural y antropológica de la idea de cultura. Gracias a Hans Liebeschütz sabemos que Warburg poseía tres series anuales de esta revista.[30] Sabemos además que Warburg,

---

[28] Cfr. Walter Burkett, *Griechische Mythologie und die Geistesgeschichte der Modern*, en AA. VV., *Les Études classiques aux XIXᵉ y XXᵉ siècles: leur place dans l'histoire des idées*, Fondation Hardt, Vandeoeuvres-Ginebra, 1979, pp. 159 y ss.

[29] Cfr. Ivan Kalmar, «The "Völkerpsychologie" of Lazarus and Steinthal and the Modern Concept of Culture», en *Journal of the History of Ideas*, XLVII, 4, 1987.

[30] Cfr. Liebeschütz, *op. cit.*, p. 233.

dado que él mismo lo menciona en la conferencia de Kreuzlingen, conocía los trabajos de Mannhardt, y también, como demuestra Gombrich, de Bastian y de Spencer. Por lo tanto podemos deducir que Warburg conocía las teorías de este último sobre el totemismo y la zoolatría. Seguramente conocía también, sea por las instrucciones de Usener, sea por investigación propia, el trabajo de E. B. Tylor *Primitive Cultur,* obra centrada en el problema de la «supervivencia» (como se traduce ahora –literalmente– la palabra «*survivals*») del mundo antiguo en las épocas sucesivas, y que demuestra «cómo nuestra vida moderna reposa directamente sobre la Antigüedad y su estado de salvajismo».[31]

Es verosímil que el problema de la «supervivencia» de los elementos de las culturas más antiguas en el presente –problema al que Usener se dedicó apasionadamente y con el cual Warburg se enfrentó durante toda su vida– fuera inspirado esencialmente por las experiencias y lecturas etnológicas. Quizá no se haya prestado la debida atención a este elemento de la biografía intelectual de Warburg.

LA SEÑORA DE LA CASA-UNIVERSO

En varios puntos de su conferencia, Warburg evoca el terror primitivo que la serpiente, a la que describe como «el más aterrador entre los animales», ejerce sobre el ser humano. En efecto, ningún ser, sea este real o imaginario, parece poseer tanto «potencial fóbico». Según afirma el estudio reciente de B. Mundkur, la variedad de los cultos a la serpiente, tal como suele manifestarse en casi todas las culturas y religiones, se debe a esta singular potencia emocional. El autor sostiene «que la motivación profunda de tales cultos se diferencia esencialmente

---

[31] Edward B. Tylor, *Die Anfänge der Cultur,* C. F. Winrer'sche Verlagshandlung, Leipzig, 1873, vol. 1, p. 158 [ed. orig. *Primitive Culture,* 2 vol., John Murray, Londres, 1871.; trad. esp. *Cultura primitiva,* Ayuso, Barcelona, 1977].

de la de los demás cultos animales; que la fascinación y el miedo evocados por la serpiente no pueden atribuirse únicamente a su veneno letal, sino también a esquemas instintivos menos palpables, aunque igualmente importantes, que radican en la evolución de los primates; que las serpientes, a diferencia de casi todos los demás animales [...], evocan reacciones fóbicas instintivas e irracionales tanto en los humanos como en los primates; que la clasificación del ser humano como especie que se guía por la razón y el empleo de los símbolos no es acertada en este aspecto, y que la fascinación causada por la serpiente en algunos primates señala ciertas reacciones biológicas que la mera percepción de los movimientos serpenteantes del reptil provoca en el sistema nervioso...».[32]

Por estos motivos −según Mundkur− el culto a la serpiente es uno de los cultos animales más antiguos, derivado directamente del miedo. Warburg, por su parte, parece haber llegado a conclusiones similares, como demuestra la conferencia de Kreuzlingen (cfr. supra, p. 53, nota 10). Las prácticas mágicas del culto a la serpiente de los indios, para Warburg, parecen esclarecer capas más profundas del razonamiento primitivo, así como las raíces de la simbolización humana. Warburg sitúa el origen del pensar y del actuar simbólico justo en aquel punto donde, según Mundkur, la especificidad del *zôon symbolikón* corre un mayor peligro: donde el miedo animalesco y primordial alimenta un esquema rígido del tipo estímulo-respuesta. Pero justo ahí donde la simbolización parece más difícil, o más bien imposible, aparece como indispensable. Aquel que logra reducir la cualidad fóbica de la serpiente en favor de su cualidad simbólica, logra regatearle al miedo un «espacio para el pensamiento». Mediante la conferencia, Warburg trata de dar fundamento a su convicción de que el indio oraibi, por mucho que esté encerrado en el pensamiento mágico, en el totemismo y en el

---

[32] Balaji Mundkur, *The Cult of the Serpent. An Interdisciplinary Survey of its Manifestations and Origins*, State University of New York Press, Albany, 1983, p. 6.

38. Danza del antílope con espectadores blancos y fotógrafos, 1902.

39. Altar del sacerdote del antílope en Cipaulovi. Dibujo de principios del siglo XIX.

40. El lavado de la serpiente. Mediados del siglo XIX.

41. Danza de la serpiente con espectadores en Oraibi. Mediados del siglo XIX.

42. La fase culminante de la danza de la serpiente.

temor a los demonios, es un verdadero héroe que se sitúa en la antesala de la Ilustración.

Según Warburg, los indios pueblo están en un «singular estado de hibridación y transición [...]. Ellos no son hombres del todo primitivos [...], pero tampoco son como el europeo, que confía su porvenir a la tecnología [...]. Los pueblo viven entre el mundo de la lógica y el de la magia, y su instrumento de orientación es el símbolo». Si bien es cierto que sustituyen el rayo por la serpiente, que buscan evocar con un rito propiciatorio mediante la magia meteorológica (y, al revés, simbolizan al rayo con la imagen de una serpiente con forma de flecha), no se limitan únicamente a este acto metafórico de sustitución. Para los indios, la serpiente aún no se ha convertido en una imagen (verbal o iconográfica), sigue siendo un símbolo vivo, salvaje, un antagonista de la ceremonia. Por otro lado, la serpiente ya no es sacrificada sanguinariamente como en tiempos remotos. El acto de transubstanciación se efectúa mediante un procedimiento mimético, sosteniendo a la serpiente con la boca para soltarla enseguida y enviarla al llano como «mensajera».

La danza de la serpiente no es un mero ejercicio estético como fin en sí mismo, sino una ceremonia mágica que debe *producir* un efecto real. Identificando en la serpiente al poder del rayo (poder sobre el cual se desea influir), y uniéndose físicamente al animal en la danza, el indio busca convertirse él mismo en el principio del que depende el efecto deseado, es decir, la lluvia: «el indio contrapone su voluntad de comprensión a la ininteligibilidad de los procesos naturales, transformándose a sí mismo en la causa de los fenómenos percibidos. Instintivamente establece una causa lo más concebible e intuitiva posible para explicar el efecto incomprendido. La danza de las máscaras es la causalidad danzada».

Henri Hubert y Marcel Mauss han expresado opiniones análogas sobre el pensamiento mágico («una gigantesca variación del principio de causalidad»). No veían en el pensamiento mágico una supersticiosa muestra de la irracionalidad, sino un complejo de prácticas racionales sustentado por su lógica, y no por la lógica. «Hemos de entender la magia como un sistema de inducción apriorístico que, a causa de la presión que ejercen las necesidades vitales, es puesto en práctica por los individuos pertenecientes a un grupo social».[33] Es posible que Warburg haya tenido en cuenta este texto, sea por investigación propia o por indicación de Cassirer. En cualquier caso, consta que Warburg, al igual que Hubert y Mauss, está convencido de que el «pensamiento primitivo», al menos en el caso de los hopi, responde a una lógica propia, distinta a la lógica científica, mas igualmente válida. Una década más tarde, Benjamin Lee Whorf, partiendo de sus investigaciones lingüísticas sobre los hopi, dibujará el tentador cuadro de un universo indígena mucho más colorido, complejo y plástico que aquel que hasta ese entonces había sido elaborado por el «europeo estándar»: «Estamos acostumbrados a calificar el modo de pensar implícito en la *participación mística* como propio de una mentalidad menos racional y menos reflexiva que la nuestra. Sin embargo, muchas lenguas de los indígenas americanos, y una buena cantidad de idiomas africanos, cuentan con una riqueza exuberante de diferenciaciones sutiles y maravillosamente lógicas sobre la causa de una acción y sus efectos, las cualidades energéticas y dinámicas de los procedimientos del entorno, el carácter inmediato de la experiencia, etcétera, todas estas funciones típicas del pensamiento. Precisamente, estas diferenciaciones comprenden la quintaesencia del razonamiento lógico. Al respecto, superan en mucho a los idiomas europeos».[34]

---

[33] Henri Hubert y Marcel Mauss, «*Esquisse d'une théorie générale de la magie*», en *L'anée sociologique*, 1902-1903.

[34] Benjamin Lee L. Whorl, *Sprache, Denken, Wirklichkeit*, al cuidado de P. Krausser, Rowohlt, Reinbek, 1963, p. 127 [ed. orig. *Language, Thought, and Reality*, Technology Press of Massachusetts Institute of Technology-Chapman & Hall, Nueva York-Londres, 1965; trad. esp. *Lenguaje, pensamiento y realidad*, Barral, Barcelona, 1971].

En su conferencia de Kreuzlingen, Warburg explora el camino de la sublimación religiosa, en el que el sacrificio sanguinario se convierte en la forma más elevada de religión revelada. Su insistencia en el episodio bíblico de la «serpiente de bronce» señala que considera reversible ese camino. Con la mención de este extraño relato (véase el «Libro de los Números» del Antiguo Testamento, XXI), Warburg se aproxima a los límites del monoteísmo. Sin embargo, en este caso no habla del paganismo griego, sino del hebreo o semita. La serpiente de bronce, que como deidad curativa vuelve a introducir el culto a los animales en un capítulo de la Biblia y luego sigue serpenteando hacia la teología y hacia la iconografía medieval, representa el retorno y la resurrección de un primitivismo reprimido: Atenas, Jerusalén, Oraibi, son todas ellas una misma familia.

Para Warburg, la «polaridad» del símbolo[35] en ningún elemento se revela más rotundamente que en el caso de la serpiente: es un símbolo completamente ambivalente, cuyos términos o «polos» pueden volcarse hacia el valor opuesto en todo momento. La serpiente expresa un peligro mortal, pero es también «el símbolo más natural de la inmortalidad y de la resurrección de una enfermedad o de un peligro mortal». Comprende en ella ambas posibilidades y el poder del hechicero decide cuál de ellas, de tiempo en tiempo, deberá convertirse en acto (al igual que el intérprete decide sobre el efecto final de los símbolos por él empleados). Ambas posibilidades, curación y aniquilamiento, implícitas en el símbolo de la serpiente fueron personificadas, según Warburg, mediante la confrontación de las figuras complementarias de *Laocoonte* y Asclepio. Mientras que el sacerdote pagano no logra dominar la potencia letal de las serpientes y sucumbe, Asclepio, «el más ecuánime», que por su tipología se asemeja al dios de las religiones monoteístas, sabe emplear el veneno de la serpiente como *phármakon*, como remedio para una humanidad sufriente. Al parecer,

[35] Cfr. Gombrich, *op. cit.*, pp. 326 y ss.

estas figuras personifican los polos dominantes dentro del pensamiento de Warburg y a la vez estructuran esencialmente su obra, así como la dinámica de sus observaciones: *agonía* y *terapia*, lucha y recuperación.

En este punto hay que recordar que la persona que realizó la conferencia de Kreuzlingen padecía una enfermedad mental: Warburg buscaba una forma de demostrar que había superado (o iba a poder superar pronto) su padecimiento gracias a su fuerza de voluntad. Su conferencia formaba parte de un programa de autocuración y hoy puede entenderse a su vez como una descripción de este mismo programa. Warburg había estado luchando durante años contra sus demonios y ahora veía ante sí las vísperas de la victoria. Se atrevió a simbolizar aquellas potencias fóbicas de las que él mismo era víctima: una conferencia sobre la quintaesencia misma del terror, precisamente la serpiente. De esta manera utilizó el símbolo por excelencia de la amenaza contra la racionalidad humana como instrumento para examinar su *ratio*. Los indígenas de Norteamérica –tema central de su conferencia– le sirvieron a Warburg como una especie de máscara detrás de la cual afrontó una empresa peligrosa: exorcizar el miedo a través de los símbolos. La conferencia de Kreuzlingen no es meramente el texto de un programa terapéutico sino, en el sentido estricto de la palabra, un grito de guerra.[36] Tras salir de la clínica, Warburg comenzó a firmar documentos como «Warburg *redux*». *Redux* es un título adjudicado a la diosa Fortuna durante el Imperio romano; la *Fortuna redux* era aquella representación de la Fortuna que, en su función de guardiana, velaba por retorno del emperador o de los generales tras una batalla victoriosa.

No obstante, Warburg no creía en la posibilidad de una «lucha final», ni en un sentido ontogenético ni en uno filogenético. En ningún momento creyó que los estratos arcaicos

---

[36] Según Werner Leibbrand, *Der göttliche Stab des Äskulap. Eine Metaphysik des Arztes*, O. Müller, Salzburgo-Leipzig, 1939, p. 457, el intento de Binswanger era justo el de despertar el «valor del propio miedo».

de la psique y su potencial fóbico –aún presente en la magia– podrían ser combatidos y vencidos definitivamente. La tensión entre la *ratio* y las fuerzas irracionales era para él un dato imposible de erradicar. Esto queda demostrado en un comentario hecho al margen de la conferencia:

> No quiero que se encuentre en esta búsqueda comparativa del indio eternamente inmutable, inherente al alma desamparada de la humanidad, el más mínimo rasgo de blasfemia científica. Las imágenes y las palabras aquí presentadas están destinadas a ayudar a las generaciones posteriores en su búsqueda de claridad y de superar la trágica disputa entre el pensamiento mágico instintivo y la lógica discursiva. Esta es la confesión de un esquizofrénico (incurable), entregada a los archivos de los psiquiatras.[37]

LA MONTAÑA MÁGICA BELLEVUE

En las teorías sobre la naturaleza del símbolo representadas en la conferencia de Kreuzlingen se refleja la influencia del pensamiento de Ernst Cassirer o, dicho con más cautela, del estímulo proveniente de sus primeros trabajos sobre la forma simbólica. Resulta indispensable emplear esta formulación cuidadosa, dado que, en general, Warburg se atiene a los principios de una teoría de los símbolos bastante anterior, basándose en las obras de Friedrich Theodor Vischer, Robert Vischer y Tito Vignoli.[38] A diferencia de Cassirer, que en su teoría de las formas simbólicas pretendía extender la crítica de la razón de Kant a una filosofía universal de la cultura, Warburg no hace

---

[37] Referido en Gombrich, *op. cit.*, p. 304.
[38] *Ibid.*, pp. 100 y ss., 323 y ss., 348 y ss. Edgar Wind, «Warburgs Begriff der Kulturwissenschaft und seine Bedeutung für die Ästhetik», en Aby M. Warburg, *Ausgewählte Schriften und Würdigungen, op. cit.*, pp. 401 y ss.; Kany, *op. cit.*; cfr. también Götz Pochat, *Der Symbolbegriff in der Ästhetik und Kunstwissenschaft*, Dumont, Colonia, 1983.

propia esta petición de sistematización universal acompañada de un optimismo cosmopolita, sino que se limita a su problema y a su «solución»: explicar la necesidad expresiva del humano a partir de la experiencia sensorial del miedo.[39]

A su vez, Warburg encontró una confirmación de su propia teoría en las reflexiones de Cassirer, y entabló, apoyado por Fritz Saxl, una vívida correspondencia con este filósofo de la nueva Universidad de Hamburgo. Cassirer era una de las pocas personas a las que Warburg quiso mostrar la trascripción de la conferencia que él mismo consideraba impublicable, así como otro material procedente de su viaje a Norteamérica (véase la carta de Warburg a Saxl, publicada en esta edición). En 1924, Cassirer visitó a Warburg en Kreuzlingen.[40]

En 1920, durante la ausencia de Warburg, Fritz Saxl había introducido a Ernst Cassirer en su biblioteca, y parece evidente que logró, en muy poco tiempo, despertar el interés de este por las investigaciones de Warburg, ya que Cassirer solicitó determinados textos y conferencias. Por consiguiente, gran parte de los tratados de Cassirer acerca de las formas simbólicas y el pensamiento mítico fueron difundidos por los órganos de publicación de la biblioteca de Warburg, que a su vez estaba bajo la dirección de Saxl. Como este se encargaba de remitirlos de inmediato a Kreuzlingen, llegaban a conocimiento de Warburg en forma de manuscritos. Si leemos los dos primeros textos de Cassirer de aquel período, y los comparamos con el trabajo de Warburg, la relación es evidente. En su conferencia *Der Begriff der symbolischen Form im Aufbau der Geisteswissenschaften* [«El concepto de la forma simbólica en la construcción de las creencias del espíritu»] de 1921,[41] Cassirer describe el «desarrollo de la conciencia religiosa» y lo ilustra a partir de

---

[39] Cfr. sus apuntes preparatorios para la conferencia, publicados en Gombrich, *op. cit.*, 295-304; cfr. también Liebeschütz, *op. cit.*, p. 231.
[40] Cfr. Toni Cassirer, *Mein Leben mit Ernst Cassirer*, Gerstenberg, Hildesheim, 1981, pp. 151 y 152.
[41] Aparecido en *Vorträge der Bibliothek Warburg*, I, 1921-1922, también en Cassirer, *Wesen und Wirkung des Symbolbegriffs*, Wissenschaftliche Buchgesellschaft, Darmstadt, 1983.

43. El sanatorio Bellevue, el edificio principal visto desde el jardín, 1988.

las distintas posturas que esta adopta ante las imágenes: de la aproximación mágico-demoníaca a la contemplación estética. El pensamiento religioso no ha aceptado resolver o equilibrar el conflicto entre la tendencia espiritualizante y la mágico-demoníaca. No logra establecer un equilibrio entre «el eterno intento de separarse de la pura imagen y la eterna necesidad de regresar permanentemente a ella».[42] Solo la visión estética del

[42] *Ibid.*, p. 189.

mundo tiene éxito en esta empresa. El arte aparece por tanto como «el cumplimiento de aquello que en otros ámbitos del espíritu, en otras formas de simbolización, está presente como exigencia».[43] Cassirer trata de establecer una oposición entre el pensamiento mítico por un lado y el científico por el otro, concluyendo que el pensamiento mítico no carece en absoluto del concepto de causalidad, sino que solamente lo aplica de forma distinta que el primero.

Es correcto observar que Cassirer, cuando habla del pensamiento mítico, no se refiere al mito como narración, sino al *concepto* del pensamiento mítico «que, siendo identificado como pensamiento mágico y con la mentalidad primitiva, no es derivado de las fuentes históricas, sino de las teorías antropológicas de la época».[44] Esto salta a la vista especialmente en su tratado *Die Begriffsform im mythischen Denken* [«La forma conceptual del pensamiento mítico»], de 1922, en el que se advierte el espíritu de Warburg o, mejor dicho, de Warburg y de Saxl. La astrología y el totemismo, que en los trabajos realizados por Warburg entre 1918 y 1923 parecen formar, al menos en apariencia, conceptos desvinculados, experimentan su sincronización y su vinculación en el análisis estructural de Cassirer. Se refiere al mismo horizonte semántico a partir de la concepción analógica del espacio.[45] Además, Cassirer elabora una tipología del razonamiento causal basada en el análisis del «principio de causalidad» de la astrología y sobre la «forma de la causalidad mítica». A esta gran síntesis de la mitología acuden también aquellos «testigos principales» que Warburg llama en la lucha contra la astrología (Kepler, Lutero), y en la pugna por el espíritu indígena (Cushing). Quizá quepa mencionar en este punto que, cuando Warburg habla del «pensamiento

---

[43] *Ibid.*, p. 191.
[44] Walter Burkert, *Mythisches Denken, Versuch einer Definition an Hand des griechischen Befundes*, en *Philosophie und Mythos. Ein Kolloquium*, al cuidado de Hans Poser, de Gruyter, Berlín, 1979, p. 32, nota 49.
[45] Cfr. E. Cassirer, *op. cit.*, p. 29.

estructural» de los indios,⁴⁶ en sus estudios preliminares a la conferencia de Kreuzlingen, no se trata de una genial anticipación del vocabulario estructuralista, sino de un recurso a la diferenciación que Cassirer estableció entre los conceptos de función y de ley por un lado, y los conceptos de forma y estructura por el otro, donde el pensamiento «estructural» o «complejo» es sinónimo del pensamiento analógico. El concepto de Warburg del pensamiento «primitivo» es más afín al de Cassirer y Lévy-Bruhl que al de Lévi-Strauss.

En Kreuzlingen, Warburg no solo adoptó las sugerencias de Cassirer, sino también contribuyó a difundirlas. Es probable que Warburg haya dialogado con Ludwig Binswanger sobre los aspectos mencionados. En su ensayo *Welche Aufgaben ergeben sich für die Psychatrie aus den Fortschritten der neueren Psychologie?* [¿Qué obligaciones surgen para la psiquiatría de los avances de la nueva psicología?], publicado un año después de la conferencia de Warburg, Binswanger cita partes del ensayo *Die Begriffsform* [Idea y forma], de Cassirer, de 1922.⁴⁷ En los años posteriores percibió con interés las reflexiones de la obra principal de Cassirer, *Filosofía de las formas simbólicas*, hasta que, bajo la influencia de Heidegger, y probablemente tras la lectura de la reseña que este realizó sobre el segundo tomo de la obra principal de Cassirer,⁴⁸ abandonó finalmente aquella corriente tardía del neokantismo y se volcó hacia la nueva filosofía de la existencia. Cuando Warburg fue dado de alta, en agradecimiento, le regaló a Binswanger una réplica de una pintura de Rembrandt llamada *La estampa de los cien florines* o *Cristo sana a los pacientes*. Durante los siguientes años, mantuvo correspondencia postal con Binswanger desde Hamburgo.⁴⁹

⁴⁶ Cfr. por ejemplo en Kany, *op. cit.*, p. 174.
⁴⁷ Cfr. Ludwig Binswanger, *Ausgewähtle Vorträge und Aufsätze*, Francke, Berna, 1955, vol. II, p. 126.
⁴⁸ Martin Heidegger, recensión a E. Cassirer, *Philosophie der symbolischen Formen*, segunda parte: «*Das mythische Denken*», Berlín, 1925, en *Deutsche Literaturzeitung*, N. S., V, 1928, col. 1000-12.
⁴⁹ Debo esta información al profesor Roland Kuhn. También el pasaje que sigue se basa esencialmente en sus observaciones.

44. Vestíbulo del edificio principal, 1988.

45. Vista del jardín desde el pórtico bajo la veranda.

46. Ludwig Binswanger (1881-1966).

Aby Warburg no fue el único paciente ilustre de Binswanger, por no mencionar a los huéspedes y visitantes ocasionales. A finales de siglo y durante las décadas posteriores, el Bellevue era un sanatorio conocido en todo el continente europeo. Entre los que tuvieron una estancia más o menos larga, se encuentran el físico y reformador social Ernst Abbe, fundador de las fábricas de Zeiss en Jena; el químico Adolf Werner, que elaboró la teoría de los compuestos complejos; el lingüista ginebrino Charles Bally, sucesor y editor de Saussure; el poeta Leonhard Frank y a la feminista Berta Pappenheim, famosa por ser la primera paciente del psicoanálisis bajo el seudónimo de Anna O. Por recomendación de su amigo Henry van de Velde, en 1917 acudió al Bellevue Ernst Ludwig Kirchner, quien permaneció internado allí hasta el verano del año siguiente. Uno de los

47. Ernst Ludwig Kirchner, retrato de Ludwig Binswanger, 1918.

huéspedes más frecuentes –no sabría decir si fue también paciente de Binswanger– fue el poeta y traductor Rudolf Alexander Schröder. Aparte de sus *Bodensee-Sonetten*, sus poemas *Der Bodensee* (1923-1940) y *Kreuzlingen* (1904), en 1932 escribió «Bellevue», un himno en honor al sanatorio que él mismo contribuiría a embellecer, en 1929, en su función de arquitecto de interiores (Schröder decoró la sala de recepción, el comedor y la sala de actividades musicales).[50] Es posible que la recomendación de confiar la salud de Warburg a Binswanger proviniese del mismo Schröder (ambos debieron conocerse, ya fuera por el interés común en la decoración de interiores de transatlánticos, o gracias a la intermediación de Carl

[50] Cfr. Rudolf Alexander Schröder, *Abendstunde*, s.e., Zúrich, 1960, p. 65.

Melchior, socio de Max Warburg desde 1917 y cuya casa había amueblado Schröder). También puede ser que esta decisión se deba a la influencia del industrial y coleccionista de arte de Hamburgo Gustav Schiefler (un conocido de Warburg), que en 1917 propuso a Kirchner, por entonces internado en el Bellevue, hacer una compilación de su obra gráfica. En el fondo la cuestión tiene tan solo una importancia relativa: el hecho es que en los ambientes frecuentados por Warburg —artísticos, financieros y académicos— el Bellevue era una institución con mucho renombre. Formaba parte de su mundo culto, aristocrático y nervioso.

Volvamos un instante sobre un aspecto de la biografía de Warburg, relacionado en parte con la conferencia de Kreuzlingen, que ya quedó señalado con la mención de Kirchner y Schiefler: su relación con el arte contemporáneo. Sabemos por varias fuentes[51] que a Warburg le interesaba el arte contemporáneo (no solo por el hecho de haberse casado con una artista), y que en 1916 adquirió, por ejemplo, un cuadro de Franz Marc. Ahora, si de la conferencia de Kreuzlingen pasamos a considerar la corriente artística de principios de la década de los años veinte, es imposible no advertir la semejanza, al menos en términos de «sensibilidad», con el llamado primitivismo, en sus variantes europea y americana. De hecho no solo hallamos motivos y modelos provenientes de África o del Pacífico Meridional, sino también de las praderas norteamericanas. Piénsese en el cuadro *Indios a caballo* de Macke o en las *kachinas* de los hopi pintadas por Nolde (de cuya pintura, dicho sea de paso, Schröder había publicado varios catálogos). Cabe recordar también en este contexto a artistas norteamericanos como A.

---

[51] Cfr. William S. Heckscher, *Die Genesis der Ikonologie*, en *Bildende Kunst als Zeichensystem*, al cuidado de Ekkehard Kaemmerling, vol. I, *Ikonographie und Ikanologie*, Dumont, Köln, 1979; W. Hofmann, G. Syamken, M. Warnke, *Die Menschenrechte des Auges. Über Aby Warburg*, Europäische Verlaganstalt, Fráncfort del Meno, 1980.

48. Max Ernst con una de sus muñecas *kachina*. Foto de Barnet Newman, 1942.

49. Jan Matulka, indios danzantes.

W. Dow (que remitía a Cushing), Max Weber y Jan Matulka.[52] Recuérdese también la amplia colección de *kachinas* de Max Ernst (que influenciaron considerablemente su obra), así como la sensible y barroca descripción de la danza de la serpiente de Oraibi, que fue elaborada por D. H. Lawrence en 1924, el año de la conferencia de Warburg.[53]

Edgar Wind ha señalado el lugar que ocupaba la actividad del artista dentro de la concepción de los símbolos de Warburg: se trata de un estado intermedio entre la conciencia mágica y la lógica, «donde no se cree de verdad en la mágica vitalidad de la imagen y sin embargo aún se es prisionero de ella; donde el símbolo es acogido como signo y, sin embargo, permanece vivo como imagen; donde la excitación psíquica que estas dos polaridades mantienen despierta no alcanza, por la riqueza de significado de la metáfora, una intensidad tal que se descargue en acción, y se articula hasta tal extremo, gracias al análisis del pensamiento, que termina por sublimarse en conceptos [...]. La creación [...] y el placer artístico [...] se alimentan ambos —así lo enseña Warburg— de las energías más oscuras de la vida humana, y permanecen prisioneros y amenazados también allá donde parece producirse un equilibrio provisional».[54]

Volviendo, con este trasfondo, al concepto de la mentalidad indígena que Warburg esgrime en la conferencia de Kreuzlingen, resulta evidente que este, a diferencia de Cassirer, en vez de ubicar la producción artística en un nivel superior al pensamiento mítico, reconoce en ella más o menos el mismo nivel de sublimación espiritual. ¿Indio = artista? Indudablemente, una ecuación semejante no logra abarcar las dimensiones del problema histórico-psicológico que interesaba a Warburg. Este no buscaba encontrar una tipología

---

[52] Cfr. *Primitivismus in der Kunst des zwanzigsten Jahrhunderts*, al cuidado de William Rubin, Prestel Munich, 1984.

[53] D. H. Lawrence, *Mornings in Mexico*, Heinemann, Londres, 1956, pp. 61 y ss. (primera edición Martin Secker, Londres, 1927); [trad. esp. *Mañanas en México*, UAM, México, 1987].

[54] Wind, *op. cit.*, p. 410.

o una jerarquía de las prácticas simbólicas, sino reconocer la «necesidad biológica» de la imagen «entre la religión y el arte».[55] Queda ilustrado el hecho de que, consciente o inconscientemente, intencionalmente o no, la conferencia de Kreuzlingen tiene muchos puntos en común con el primitivismo del arte moderno. Sin embargo, no está claro si se trata aquí de una coincidencia realmente importante o meramente banal. Quizá no sea más que un buen ejemplo de lo que Klaus Reichert llamó tan acertadamente una «comunicación osmótica».[56]

Dos años después de su retorno a Hamburgo, entre 1926 y 1927, Warburg impartió un seminario sobre Jacob Burckhardt, en el cual comparó las perspectivas históricas de este con las de Nietzsche.[57] Ambos percibieron las «ondas mnémicas del pasado» y vieron el fondo trágico de la Historia; ambos se sintieron amenazados por sus conocimientos. Sin embargo Burckhardt no cedió ante la fascinación de la clarividencia histórica, contraponiendo al desasosiego del pasado la fuerza estructural y ordenadora de su pensamiento, *sophrosýne* contra *mnemosýne*... La conferencia de Kreuzlingen vuelve a retomar ese camino. Trata del drama del destino cultural del hombre, de la sublimación del sacrificio sangriento a la identificación mímico-mimética, y de esta al pensamiento puro, sustrayéndose a la tiranía de los sentidos y del mundo. Pero este mismo camino, llevado al extremo, puede conducir a una nueva forma de inmadurez, y esta vez al dominio de la tecnología. En las notas al margen que acompañan a este programa terapéutico −a la vez individual y universal−, Warburg niega la posibilidad de que la sufriente humanidad pueda ser sanada *con* y *en* la cultura. En cuanto a la solución cristiana, la «redención», ni siquiera entra en el horizonte de Warburg, quien sigue fiel a un paganismo trágico-pesimista.

---

[55] Ver *supra*, p. 75.
[56] *Fortuna oder die Bestdädigkeit des Wechsels*, Suhrkamp, Fráncfort del Meno, 1985, p. 11.
[57] Cfr. Gombrich, *op. cit.*, pp. 354 y ss.

La conquista del símbolo y la precariedad de dicha victoria: este es el drama al cual se enfrenta Warburg, en un texto en el que el fondo autobiográfico está aún bien presente. Aby Warburg todavía no ha alcanzado la torre de marfil a la que Burckhardt, visionario cauto, terminó por retirarse. La conferencia de Kreuzlingen no se limita a presentarnos una visión trágica sobre el destino cultural del hombre: es en sí misma un texto trágico.

Colección OJOS SOLARES

TÍTULOS RENOVADOS

Sección: Tratamiento

EL DESARROLLO PSICOMOTOR Y SUS ALTERACIONES. Manual práctico para evaluarlo y favorecerlo, *P. Cobos Álvarez*.
EL NIÑO CELOSO, *J. M. Ortigosa Quiles*.
HIPERACTIVIDAD INFANTIL. Guía de actuación, *I. Moreno García*.
MI HIJO NO ME OBEDECE. Soluciones realistas para padres desorientados, *C. Larroy García*.
PROBLEMAS COTIDIANOS DE CONDUCTA EN LA INFANCIA. Intervención psicológica en el ámbito clínico y familiar, *D. Macià Antón*.

Sección: Desarrollo

APRENDER A ESTUDIAR. ¿Por qué estudio y no apruebo?, *C. Fernández Rodríguez e I. Amigo Vázquez*.
LAS RELACIONES SOCIALES EN LA INFANCIA Y LA ADOLESCENCIA Y SUS PROBLEMAS, *M.ª V . Trianes, A. M.ª Muñoz y M. Jiménez*.
ESTRATEGIAS PARA PREVENIR EL BULLYING EN LAS AULAS, *J. Teruel Romero*. **Novedad.**

TÍTULOS PUBLICADOS

Sección: Tratamiento

AGRESIVIDAD INFANTIL, *I. Serrano*.
ALCOHOLISMO JUVENIL, *R. Secades*.
ANOREXIA Y BULIMIA: TRASTORNOS ALIMENTARIOS, *R. M.ª Raich*.
ASMA BRONQUIAL, *C. Botella y M.ª C. Benedito*.
CONDUCTA ANTISOCIAL, *A. E. Kazdin y G. Buela-Casal*.
CONDUCTAS AGRESIVAS EN LA EDAD ESCOLAR, *F. Cerezo (coord.)*.
DÉFICIT DE AUTOESTIMA, *M.ª P. Bermúdez*.
DIABETES INFANTIL, *M. Beléndez, M.ª C. Ros y R. M.ª Bermejo*.
DISLEXIA, DISORTOGRAFÍA Y DISGRAFÍA, *M.ª R. Rivas y P. Fernández*.
EL JUEGO PATOLÓGICO, *R. Secades y A. Villa*.
EL NIÑO CON MIEDO A HABLAR, *J. Olivares*.
EL NIÑO HOSPITALIZADO, *M.ª P. Palomo*.
EL NIÑO IMPULSIVO. Estrategias de evaluación, tratamiento y prevención, *G. Buela-Casal, H. Carretero-Dios y M. de los Santos-Roig*.
EL NIÑO QUE NO SONRÍE, *F. X. Méndez*.
ENCOPRESIS, *C. Bragado*.
FOBIA SOCIAL EN LA ADOLESCENCIA. El miedo a relacionarse y a actuar ante los demás, *J. Olivares Rodríguez, A. I. Rosa Alcázar y L. J. García-López*.
IMAGEN CORPORAL, *R. M.ª Raich*.
LA TARTAMUDEZ, *J. Santacreu y M.ª X. Froján*.
LA TIMIDEZ EN LA INFANCIA Y EN LA ADOLESCENCIA, *M.ª I. Monjas Casares*.
LA VIOLENCIA EN LAS AULAS, *F. Cerezo*.
LAS DROGAS: CONOCER Y EDUCAR PARA PREVENIR, *D. Macià*.
LOS TICS Y SUS TRASTORNOS, *A. Bados*.
LOS TRASTORNOS DEL SUEÑO, *G. Buela-Casal y J. C. Sierra*.
MALTRATO A LOS NIÑOS EN LA FAMILIA, *M.ª I. Arruabarrena y J. de Paúl*.
MEJORAR LA ATENCIÓN DEL NIÑO, *J. García Sevilla*.
MIEDOS Y TEMORES EN LA INFANCIA, *F. X. Méndez*.
ORDENADORES Y NIÑOS, *S. Gismera Neuberger*.
PADRES E HIJOS, *M. Herbert*.
PREVENIR EL SIDA, *J. P. Espada y M.ª J. Quiles*.
PROBLEMAS DE ALIMENTACIÓN EN EL NIÑO, *A. Gavino*.
PROBLEMAS DE ATENCIÓN EN EL NIÑO, *C. López y J. García*.
RELACIÓN DE PAREJA EN JÓVENES Y EMBARAZOS NO DESEADOS, *J. Cáceres y V. Escudero*.
RETRASO MENTAL, *M. A. Verdugo y B. G. Bermejo*.
RIESGO Y PREVENCIÓN DE LA ANOREXIA Y LA BULIMIA, *M. Cervera*.
TABACO. Prevención y tratamiento, *E. Becoña*.
TRASTORNOS DE ANSIEDAD EN LA INFANCIA, *E. Echeburúa*.

Sección: Desarrollo

ABUELOS Y NIETOS, *C. Rico, E. Serra y P. Viguer*.
DESARROLLO DE HABILIDADES EN NIÑOS PEQUEÑOS, *F. Secadas, S. Sánchez y J. M.ª Román*.
DESCUBRIR LA CREATIVIDAD, *F. Menchén*.
EDUCACIÓN FAMILIAR Y AUTOCONCEPTO EN NIÑOS PEQUEÑOS, *J. Alonso y J. M.ª Román*.
EDUCACIÓN PARA LA SALUD, *M. Costa y E. López*.
EDUCACIÓN SEXUAL, *P. Moreno y E. López Navarro*.
EJERCICIO FÍSICO SALUDABLE EN LA INFANCIA, *A. Gómez y F. X. Méndez*.
EL ADOLESCENTE Y SUS RETOS, *G. Castillo*.
EMOCIONES INFANTILES, *M.ª V. del Barrio*.
ENSEÑAR A LEER, *M.ª Clemente Linuesa*.
ENSEÑAR A PENSAR EN LA ESCUELA, *J. Gallego Codes*.
ENSEÑAR CON ESTRATEGIAS, *J. Gallego Codes*.
ESCUELA DE PADRES, *J. A. Carrobles y J. Pérez-Pareja*.
LA CREATIVIDAD EN EL CONTEXTO ESCOLAR. Estrategias para favorecerla, *M.ª D. Prieto, O. López y C. Ferrándiz*.
LAS INTELIGENCIAS MÚLTIPLES, *M.ª D. Prieto y P. Ballester*.
LIBERTAD Y RESPONSABILIDAD EN EL TIEMPO LIBRE, *J. L. Lobo Bustamante y F. Menchén Bellón*.
MANUAL PARA PADRES DESESPERADOS... CON HIJOS ADOLESCENTES, *J. M. Fernández Millán y G. Buela-Casal*.
MEJORAR LA COMUNICACIÓN EN NIÑOS Y ADOLESCENTES, *A. López Valero y E. Encabo Fernández*.
NIÑOS INTELIGENTES Y FELICES, *L. Perdomo*.
NIÑOS SUPERDOTADOS, *A. Acereda Extremiana*.
OBSERVAR, CONOCER Y ACTUAR, *M. Gardini y C. Mas*.
TÉCNICAS DE TRABAJO EN GRUPO, *P. Fuentes, A. Ayala, J. I. Galán y P. Martínez*.
TÉCNICAS DE TRABAJO INDIVIDUAL Y DE GRUPO EN EL AULA, *P. Fuentes, J. I. Galán, J. F. de Arce y A. Ayala*.
TODO UN MUNDO DE SENSACIONES, *E. Fodor, M.ª C. García-Castellón y M. Morán*.
TODO UN MUNDO DE SORPRESAS, *E. Fodor, M. Morán y A. Moleres*.
TODO UN MUNDO POR DESCUBRIR, *E. Fodor y M. Morán*.
UN ADOLESCENTE EN MI VIDA, *D. Macià*.

Informe preliminar. Instituto de Innovación Educativa y Desarrollo Directivo.

Piñuel Zabala, I. (2001). *Mobbing: cómo sobrevivir al acoso psicológico en el trabajo.* Santander: Sal Terrae.

Piñuel Zabala, I. (2003). *Mobbing. Manual de autoayuda.* Madrid: Aguilar.

Rodríguez, N. (2002). *Mobbing. Vencer el acoso moral.* Barcelona: Planeta.

Romero Llort, M., Casas Martínez, F., y Carbelo Baquer, B. *La autoestima.* Ministerio de Educación y Ciencia, Recursos Educativos.

Vinyamata Camp, E. (1999). *Manual de prevención y resolución de conflictos.* Barcelona: Ariel Practicum.

PÁGINAS WEB DE INTERÉS

http://www.forosdelmobbing.info
http://club.telepolis.com/gepesito/hechos.htm
http://www.mobbing.nu
http://www.acosomoral.org
http://www.acosoescolar
http://websjuridicas.com

PERIÓDICOS

Diario Digital de Sevilla
La Vanguardia
Levante, El Mercantil Valenciano
La Razón Digital
El País
Crónica
Tolerancia Cero
Las Provincias

Bibliografía

Beane, A. L. (1999). *Bully Free Classroom; over 100 tips and Strategies for teachers K-8.* Free Spirits.

Fiscalía General del Estado (2005). *Instrucción FGE 10/2005, de 6 de octubre, sobre el tratamiento del acoso escolar desde el sistema de justicia juvenil.*

García, P., Rolsma, D. y Fuentes, S. (2003). *Trabajando con el enemigo.* Barcelona: Random House Mondadori.

Girard, R. (1986). *El chivo expiatorio.* Barcelona: Anagrama.

González de Rivera, J. L. (2002). *El maltrato psicológico.* Madrid: Espasa Calpe.

Herman, J. (2004). *Trauma y recuperación.* Madrid: Espasa Calpe.

Hirigoyen, M. F. (1999). *El acoso moral.* Barcelona: Paidós.

Latorre, A. y Muñoz, E. (2001). *Educación para la tolerancia.* Bilbao: Desclée de Brower.

Lelord, F. y Christophe, A. (2006). *Cómo tratar con personas difíciles.* Barcelona: Acento Ediciones.

Leymann Inventory of Psychological Terrorization, LIPT-60. Versión modificada y adaptada al español por González de Rivera, 2003.

Oñate Cantero, A., Piñuel, I., y Zabala, I. (2005). *Informe Cisneros VII. «Violencia y acoso escolar» en alumnos de primaria, ESO y bachillerato.*

de ayuda o soporte para aquellos que demandan una respuesta específica y clara encaminada a la solución de estos problemas.

Barri, F. (2005). *SOS Bullying. Prevenir el acoso escolar y mejorar la convivencia.* Colección Educación al día. Barcelona: Praxis.

Esta obra trata de poner de manifiesto la situación que vive el sistema educativo español analizando de forma detallada las diferentes problemáticas con las que conviven día a día los miembros de la Comunidad Educativa. Una de ellas, quizá la más importante, es las situaciones conflictivas a las que se enfrentan tanto alumnos como profesores y padres, debidas a casos de acoso escolar, de indisciplina, de problemas de adaptación, de violencia...

raleza social que se manifiesta en el grupo de iguales allí donde éste conviva, y hunde sus raíces en las conductas agresivas, de las que se diferencia en formas y matices. Su causalidad compartida exige que su abordaje sea ecológico y mantenido, aglutinando el mayor número posible de esfuerzos desde todos y cada uno de los sectores de la Comunidad Educativa en torno al Proyecto Antibullying. Su tratamiento diferenciado, aunque no único, entre las diversas iniciativas de los Planes de Convivencia de los Centros Educativos, aporta relevancia educativa a un fenómeno que hace sufrir de forma gratuita e innecesaria a algunos de nuestros chicos/as y adolescentes.

Díaz Aguado, M. J. (2006). *Del acoso escolar a la cooperación en las aulas.* Madrid: Pearson Educación.

Nuestra sociedad está tomando conciencia de un problema que genera una gran preocupación social, tan antiguo y extendido como la propia escuela, en el que se reproduce un modelo ancestral de relación basado en el dominio y la sumisión, y opuesto a lo que queremos ser y a los valores democráticos con los que nos identificamos: igualdad, tolerancia, justicia y paz.

Cerezo, F. (coord.). (1998). *Conductas agresivas en la edad escolar.* Madrid: Pirámide.

El propósito de este libro es proporcionar información y material de apoyo que permita conocer y explicar mejor la agresividad y malos tratos entre escolares. Comienza con una aproximación al fenómeno de la agresividad como forma habitual de interacción y se centra en el estudio de la agresividad en la etapa infantil. Después, presenta el marco institucional educativo como lugar en el que se adquieren roles, se forman grupos y afloran problemas de socialización. Expone, de manera clara y concisa, las principales vías de acceso al conocimiento de las conductas objeto de estudio: el agresor y la víctima. Se acerca al fenómeno desde sus raíces, su contexto y determinantes sociales (clima social de la familia y del aula), sin olvidar las características personales de los implicados. Concluye con la presentación de una experiencia de intervención en el ámbito escolar, señalando algunas de las técnicas e instrumentos que han demostrado su utilidad y que, por tanto, pueden servir

Lecturas recomendadas

Latorre, Á. y Muñoz, E. (2004): *Educación para la tolerancia. Programa de prevención de conductas agresivas y violentas en el aula*. Colección Aprender a Ser. Bilbao: Desclée de Brower.

La agresividad entre compañeros escolares se ha convertido en una forma de interacción, más que habitual, de convivencia diaria en los Centros Educativos. Es, en el marco de la Psicología Escolar, donde debe enfocarse el problema de la violencia, y ello desde un programa educativo que ayude a las víctimas a superar su condición y al resto de la comunidad escolar a saber cómo se debe actuar y afrontar esta problemática. Con esta obra queremos cooperar con aquellas personas —psicólogos, profesores y padres— implicadas en el proceso educativo. Nuestra intención es conseguir que la mediación, la negociación y el consenso sean procedimientos habituales en el centro escolar y, de esta forma, erradicar las conductas agresivas y violentas.

Avilés Martínez, J. M. (2006). *Bullying: el maltrato entre iguales*. Colección Ciencias de la Educación. Salamanca: Amarú Ediciones.

El maltrato entre iguales es un problema relevante ya hoy en los contextos escolares, aunque no es un fenómeno nuevo ni estrictamente escolar. Como otros maltratos que suceden en ámbitos familiares, laborales o sociales, el bullying participa de una natu-

Inducción al suicidio

Además, se recuerda la posibilidad de achacar el delito de inducción al suicidio, contemplado en el art. 143.1 del Código Penal, así como la doctrina del Tribunal Supremo, según la cual el inductor debe haber actuado con la doble intención de provocar la decisión y que el suicidio, efectivamente, se ejecute.

El procedimiento que fija la instrucción hecha pública ayer señala que, cuando un fiscal tenga noticia de un caso a través de una denuncia realizada por la víctima, los familiares o el propio colegio, deberá citar al menor y tomarle declaración, con el pertinente apoyo psicológico.

A partir de ahí, deberá valorar si el hecho es grave, por el delito o la reincidencia del agresor, o bien si tiene escasa trascendencia o ha sido cometido por un menor de 14 años (estos casos quedan fuera del ámbito de intervención de la jurisdicción de menores).

Aun en estos últimos supuestos, la instrucción aprobada ayer insta a los fiscales a ponerse en contacto con la dirección del centro educativo, para que, dentro de sus atribuciones, adopte las medidas necesarias para poner fin a los abusos denunciados y proteja al menor.

OTRAS FUENTES

EL PAÍS-OPINIÓN
«Contra el acoso escolar»
13/10/2005

DIARIO DIGITAL DE SEVILLA
«Contra el acoso escolar»
13/10/2005; 19:12, Europa Press

EDUCACIÓN. LA VANGUARDIA
«Castilla-La Mancha deberá indemnizar a una niña por acoso escolar»
13/10/2005; Europa Press. Albacete

Además, la titular de Educación anunció la puesta en marcha de un programa de mediadores sociales en los colegios que intentarán atenuar los conflictos en las aulas. Otra de las medidas que propuso la máxima responsable del departamento, es aumentar la importancia de las tutorías «cuando se dirigen a alumnos con necesidades especiales».

San Segundo no minimizó el problema al que se enfrenta la sociedad, «porque constituye una fractura social muy grave, y si los jóvenes no aprenden a convivir, no se logrará una sociedad más justa». Para mitigar el enfrentamiento en las aulas, también consideró vital «contar con un profesorado formado y apoyado para saber responder a tales circunstancias».

«TOLERANCIA CERO» HACIA EL ACOSO ESCOLAR
Crónica.—La Fiscalía, en acción.
Una instrucción insta a los fiscales a acelerar los trámites para adoptar medidas cautelares en las denuncias.

La Justicia ha comenzado ya a engranar su mecanismo para adaptarse a la «tolerancia cero» frente al acoso escolar, que exigirá la nueva Ley del Menor. Ayer, la Fiscalía General del Estado hizo pública una instrucción sobre el tratamiento de este tipo de violencia, dirigida a los fiscales de menores, en la que se explica el procedimiento a seguir cuando se recibe una denuncia y en la que se les insta a tramitar los expedientes con agilidad, especialmente en lo que se refiere a la búsqueda de pruebas y la adopción de medidas cautelares, entre ellas las futuras órdenes de alejamiento.

Los fiscales disponen ya desde ayer de un compendio de los distintos tipos penales a los que pueden recurrir cuando se encuentren ante supuestos acosos. En lo que se refiere a los delitos graves, la instrucción repasa la jurisprudencia existente y cita, otros, el art. 173.1 del Código Penal, que tipifica los tratos degradantes, con menoscabo a la integridad moral, así como aquellos relacionados con las lesiones, coacciones y amenazas.

Expulsión de dos días

Tras la agresión, y según el testimonio de la mujer, «uno de los que pegó a mi hijo ha sido expulsado del centro, pero sólo dos días». Hoy mismo regresa a las aulas.

No obstante, el joven agredido no lo hará, en principio, hasta el próximo lunes, «aunque tiene miedo y no quiere volver».

Además, a los oídos de otros compañeros de la víctima, también han llegado advertencias: «Le van a dar una paliza que no se podrá comparar con la otra».

La Asociación de Padres y Alumnos parece que ya ha tomado cartas en el asunto y ayer mismo celebró una reunión para estudiar el caso.

La entidad planea como primera medida enviar un documento al Ayuntamiento de Valencia para solicitar que la policía local vigile los accesos en las horas de entrada y salida de los menores.

Mercedes asegura que se ha sentido «desamparada». Además, explica que los padres de los alumnos se encuentran «muy dolidos» por lo que ha sucedido en el centro, «ya que todos podemos tener un problema de este tipo algún día».

LAS PROVINCIAS
La ministra anuncia mediadores sociales para atajar la violencia.
7 de octubre de 2005-Valencia.
El Ejecutivo apuesta por potenciar la figura del tutor.
A. G./VALENCIA

La ministra de Educación, María Jesús San Segundo, participó ayer en la apertura del seminario sobre violencia en la escuela. En su intervención, subrayó que la Ley Orgánica de Educación (LOE) «refuerza la educación en valores», ya que recordó que la nueva normativa recoge la asignatura Educación para la Ciudadanía, que contribuirá a reducir estas situaciones.

OJOS SOLARES

esta violencia se encuentran «aislados, tristes, muy nerviosos y con fuertes síntomas de ansiedad».

LAS PROVINCIAS
Un niño de 12 años recibe una brutal paliza
de dos compañeros de colegio en El Marítimo.
7 de octubre de 2005.
Uno de los agresores fue expulsado dos días del centro educativo.

Un niño de 12 años ha recibido una brutal paliza de dos compañeros en un colegio de El Marítimo, según la denuncia que la madre de la víctima ha presentado ante la comisaría. Los padres de los escolares se plantean ahora pedir al Ayuntamiento que la policía controle los accesos en las horas de entrada y salida.

Mercedes ya no sabe qué hacer ni a quién recurrir para no tener el corazón en vilo cuando su hijo acude al colegio. El pasado lunes, el pequeño, de 12 años de edad, sufrió una brutal paliza en un colegio del barrio de El Marítimo. La agresión continuó en las inmediaciones.

Se desconocen los motivos de la trifulca. Incluso la propia víctima no sabe por qué los puñetazos y patadas de otros dos jóvenes se cebaron con él. Eso sí, las consecuencias todavía las sufre en su cuerpo: latigazo cervical, esguince en la muñeca, contusiones en el codo y una fisura en una costilla, según recoge el parte médico de la clínica que atendió al menor tras la agresión.

La madre del alumno no se lo pensó dos veces y, al día siguiente, se desplazó a la comisaría de El Marítimo para presentar la correspondiente denuncia contra los dos supuestos agresores, dos alumnos de 14 años de edad.

No obstante, el calvario para el joven no ha terminado. «Hoy (ayer para el lector) mi hijo ha bajado a la calle y se ha encontrado con uno de los agresores, quien le ha vuelto a amenazar con otra paliza», relató la madre del muchacho.

El director de la institución desvinculó el fenómeno de las pandillas de jóvenes inmigrantes con el acoso escolar: «Actualmente, no luchan por las escuelas, sino por el dominio de los espacios públicos».

Críticas a la familia

Al buscar el origen de estos conflictos, Sanmartín se aleja del centro escolar y concentra sus críticas en el ambiente familiar: «Se aprecia cierta dejación de responsabilidades, presuntamente porque los padres fueron sometidos a una educación muy férrea», y ahora han dado más libertad. «Educar bien es saber decir no cuando es necesario», concluye el experto. Además, comentó el individualismo acentuado y la desaparición de juegos colectivos, imprescindibles en la tarea de socialización.

En esta línea, el especialista en violencia juvenil David Farrington, de la Universidad británica de Cambridge, comentó que quienes habían reconocido ser acosadores a los 14 años tenían hijos a los 32 que también lo eran, quizá por «imitación» de conducta, según un estudio con 400 personas de Londres.

El informe del Centro Reina Sofía también desmiente uno de los mitos tradicionales en este tipo de sucesos: el de la ley del silencio. Según la encuesta, nueve de cada diez víctimas habla de lo que le sucede con amigos o profesores. Pero, en este apartado, el informe introduce otra cuestión: «El 53 por 100 de los profesores no intervienen en los casos de acoso escolar», bien porque no los conoce o bien porque prefieren desmarcarse, según se desprende de las respuestas de los alumnos.

Denunciar siempre

Sanmartín defendió que los menores víctimas de acoso denuncien siempre los casos. Pero trasladó a los padres una serie de síntomas para detectar qué les ocurre a sus hijos tras las paredes de las aulas. Así, señaló que el joven que es víctima de acoso «ya tiene miedo el domingo por la mañana ante el regreso del lunes a la escuela». Además, subrayó que los que padecen

y 16 años está sufriendo acoso escolar», señaló el director del Centro Reina Sofía, José Sanmartín.

No obstante, cuando los porcentajes se convierten en cifras, aumenta el asombro de los profesionales. Según los datos de la Conselleria de Educació, 196.892 alumnos de esas edades cursan sus estudios en colegios de la Comunidad. Por tanto, casi 6.000 sufren acoso escolar.

El especialista hizo especial hincapié en diferenciar violencia escolar de acoso, ya que éste supone una forma extrema de violencia que se produce de forma «persistente, sistemática e intimidatoria que se traduce en un aislamiento de la víctima».

Gravedad del fenómeno

El director del centro destacó la gravedad de este problema, que, según los datos que maneja, ya supera al de violencia doméstica. Así, mientras el 2 por 100 de las mujeres reconocen sufrir malos tratos por parte de sus parejas, cuando se pregunta a los estudiantes las respuestas afirmativas se incrementan hasta el 3 por 100.

José Sanmartín, durante su breve conferencia que sirvió como apertura del seminario, mostró las similitudes entre ambos tipos de violencia. El experto considera que ambas se producen en un marco de «desequilibrio de poderes», y «el agresor, que suele verse como víctima, alega que actúa porque le provocan». Además, el especialista argumenta que en el último sondeo son mayoría las víctimas femeninas. Por eso, Sanmartín no dudó en establecer un hipotético nexo de unión entre las situaciones de acoso en las aulas y posibles casos de maltrato en el futuro. Esta idea se sostiene, además, en el hecho de que «los autores de los crímenes cada vez son más jóvenes».

Ahora bien, ¿dónde hay que buscar las causas de este fenómeno? El Centro Reina Sofía descarta la inmigración como «factor determinante, ahora la padecen más que la ejecutan». Además, las estadísticas muestran que el 95 por 100 de los agresores y las víctimas son españoles.

Asimismo, señala que una estudiante en prácticas de Psicología, que era prima de la madre de la niña que acosaba a la alumna objeto de malos tratos, la hizo a ésta tests psicológicos sin el consentimiento de los padres, que, según los peritos, incrementaron la situación de ansiedad y trastorno adaptativo que sufría en el colegio. La sentencia añade que, pese a que la situación se comunicó a la dirección del centro, no se adoptó ninguna medida, y apunta que cuando la niña fue cambiada al curso siguiente a otro centro escolar, «se adaptó mucho mejor y no sufrió los problemas» que tenía en el otro. Por ello, concluye que «por la actitud de carácter omisivo, y en ocasiones permisivo, se produjeron los daños morales que sufrieron tanto la niña como, en menor medida, sus padres (...)».

LAS PROVINCIAS-DIGITAL
Violencia en las aulas.
7 de octubre de 2005.
La Reina inaugura un seminario en Valencia donde se anuncia que el 3 por 100 de los alumnos sufre acoso.

La Reina Sofía inaugura un seminario en Valencia donde los expertos aseguran que el problema de la violencia en la escuela es ya más grave que el de maltrato a las mujeres.

El 3 por 100 de los estudiantes valencianos de entre 12 y 16 años de edad sufre acoso escolar. En la Comunidad, unos 6.000 alumnos se encuentran en esta situación. El director del Centro Reina Sofía, José Sanmartín, aseguró, durante el seminario que inauguró la Reina, que el problema es ya más grave que el de maltrato a las mujeres.

A. RALLO/VALENCIA

El seminario sobre Biología y Sociología de la Violencia, que inauguró ayer la Reina en Valencia, comenzó con una estadística demoledora: «El 3 por 100 de los estudiantes de entre 12

Levante: EL MERCANTIL VALENCIANO
Una alumna será indemnizada por la omisión y permisividad de un colegio.
Jueves, 13 de octubre de 2005.

El Juzgado de lo Contencioso-Administrativo número 2 de Albacete ha condenado a la Consejería de Educación de Castilla-La Mancha a indemnizar con 3.295 euros a una niña de 10 años por la permisividad y omisión de los responsables de un colegio de Hellín, en Albacete, ante los malos tratos de sus compañeros.

Una sentencia estima un recurso contencioso-administrativo interpuesto por el padre de la niña, en el que reclama la responsabilidad patrimonial de la Administración por los daños soportados por su hija, causados por los malos tratos que sufrió en el curso 2002-2003, cuando estudiaba en el centro público Isabel la Católica, de Hellín.

El recurso se fundamentaba en la actitud «omisiva y permisiva» de los responsables del centro escolar ante los malos tratos de carácter psicológico y verbales a la niña por parte de diversos alumnos, especialmente de una compañera suya de clase.

Según la sentencia, este extremo quedó suficientemente probado en el informe pericial y las sentencias que en julio de 2003 y marzo de 2004 dictaron diversas instancias judiciales.

ANEXO II
Noticias sobre acoso

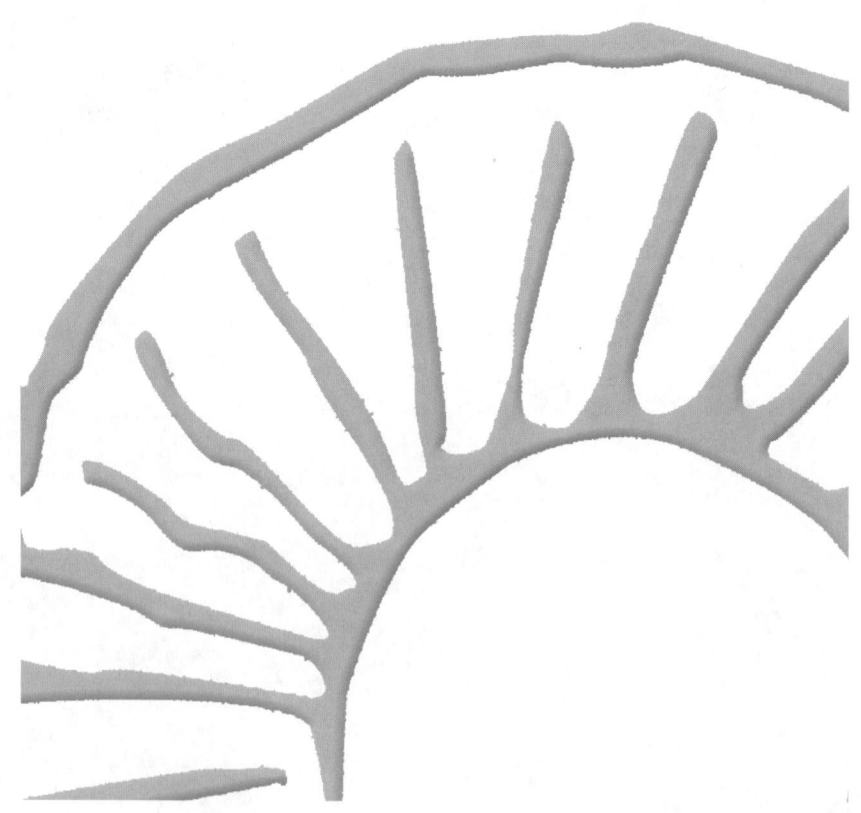

Los Señores Fiscales habrán de partir —*mutatis mutandis*— de la aplicación supletoria de lo dispuesto en el párrafo último del art. 109 LECrim, por lo que en estos procesos habrá de asegurarse la comunicación a la víctima de los actos procesales que puedan afectar a su seguridad.

Los Señores Fiscales también habrán de cuidar de que, en el acto de recibirse declaración al ofendido, se le instruya, apoyado por sus representantes, del derecho que le asiste para mostrarse parte en el proceso como acusación particular o como actor civil, por aplicación analógica de lo dispuesto en el apartado primero del art. 109 LECrim en relación con el art. 25 LORPM.

Aspectos relativos a la responsabilidad civil

Los centros docentes tienen una indubitada responsabilidad en garantizar espacios seguros para que los menores puedan cursar sus estudios y disfrutar de las horas de recreo en paz, libres de agresiones y vejaciones.

Los estudios sobre acoso escolar muestran que, frecuentemente, éstos tienen lugar —además de en las inmediaciones del centro— en patios de recreo, aseos, vestuarios, gimnasios, comedores, pasillos e incluso aulas. La adecuada supervisión de las instalaciones del centro es algo legítimamente exigible.

El Anteproyecto de Ley Orgánica Penal Juvenil y del Menor, de 27 de abril de 1995, expresamente recogía en su art. 37.3 la responsabilidad civil subsidiaria de las personas o entidades públicas o privadas que sean titulares o de las que dependa un Centro de enseñanza por los delitos o faltas en que hubiesen incurrido los alumnos del centro, menores de 18 años, durante los períodos en que dichos alumnos se hallen bajo el control o vigilancia del profesorado del centro, desarrollando actividades escolares o extraescolares y complementarias.

Madrid, 6 de octubre de 2005
El Fiscal General del Estado

El menor víctima de acoso puede padecer con la iniciación de la investigación penal un recrudecimiento del sufrimiento infligido por el agresor, por lo que debe verse amparado por una respuesta rápida que le tutele con eficacia de posibles venganzas.

Si la defensa de los derechos de la víctima ha de integrar uno de los objetivos prioritarios de la actuación del Fiscal en cualquier proceso penal, cuando la misma es una persona menor de edad, los esfuerzos del Ministerio Público han de redoblarse, al confluir dos obligaciones: la genérica de «...velar por la protección procesal de las víctimas, promoviendo los mecanismos previstos para que reciban la ayuda y asistencia efectivas» (apartado 10 del art. 3 del EOMF) y la específica de ser cualificadamente defensor de los derechos del niño (Instrucción de la Fiscalía General del Estado 7/2004).

La Sección de Menores de la Fiscalía habrá de activar los mecanismos procesales procedentes de interposición entre el agresor y la víctima, y promover la protección integral de esta última.

Los menores acosados suelen encontrarse subjetivamente en una situación de total indefensión y desamparo. Frecuentemente, pierden la capacidad de concentración en las explicaciones y en los estudios, pierden confianza en sí mismos y sus niveles de autoestima alcanzan cotas mínimas, generándoles incapacidad para poner fin por sí mismos a la situación y para solicitar ayuda de los adultos. Estas probables afecciones deben condicionar el tratamiento que ha de darse a la víctima de acoso escolar.

Habrán de modularse las declaraciones a tales peculiaridades, sin olvidar las posibilidades que la Ley de Protección de Testigos brinda para asegurar la tranquilidad y serenidad de los mismos a través de todo el proceso, conforme a lo expuesto *supra*.

También aquí deben recordarse las reflexiones contenidas en relación con las víctimas en general y con el proceso de menores en especial en la Instrucción 3/2005, de 7 de abril, *sobre las relaciones del Ministerio Fiscal con los medios de comunicación*.

prender los efectos que el mismo provoca en la víctima, incrementando sus habilidades sociales y, en especial, las técnicas de resolución de conflictos.

La experiencia ha demostrado en otros países que el abordaje del tratamiento de los acosadores desde un prisma meramente represivo o retributivo no soluciona el problema. Por ello, es importante una terapia que lleve al menor infractor a convencerse de lo negativo de su comportamiento.

La flexibilidad que debe presidir la elección de la concreta medida a aplicar y su determinación cuantitativa deberá mantenerse durante su ejecución, utilizando cuando sea procedente la suspensión (art. 40 LORPM) o la cancelación anticipada, la reducción o la sustitución (arts. 14 y 51 LORPM).

Tratamiento de la víctima

En el abordaje del acoso escolar, el papel principal y las máximas preocupaciones deben centrarse en la víctima, que a su condición de menor (compartida con el victimario) anuda la de sujeto pasivo del delito.

De nuevo, puede detectarse cierto paralelismo con la violencia de género. El nexo común es el del abuso de un ser humano sobre otro prevaliéndose de una cierta situación de superioridad. Por ello, debe traerse a colación la reflexión contenida en la Instrucción 4/2004, de 14 de junio, *acerca de la protección de las víctimas y el reforzamiento de las medidas cautelares en relación con los delitos de violencia doméstica:* en efecto, la denuncia por un hecho violento entre iguales en un centro escolar es algo más que la simple transmisión de una *notitia criminis*. La experiencia demuestra que, en no pocos casos, la víctima menor que acude a unas dependencias policiales o a la Sección de Menores de Fiscalía, *está denunciando un hecho delictivo, pero, al propio tiempo, está exteriorizando su confianza en que los mecanismos jurídicos de protección van a funcionar adecuadamente. Y el Fiscal representa una pieza clave a la hora de activar esa respuesta jurídica de salvaguarda y tutela.*

Medidas imponibles

Principios generales

La peculiaridad del sistema de selección de las medidas imponibles y de la determinación de su extensión hace que no quepa dar pautas concretas sobre este punto.

En el tratamiento de los menores responsables de infracciones penales relacionadas con el acoso escolar habrán de respetarse los principios generales del Derecho Penal y los especiales de Derecho Penal Juvenil. El principio de legalidad penal, de proporcionalidad en su faceta de imposibilidad de imponer medidas graves por hechos leves, la obligación de tener en cuenta las circunstancias del menor, la necesidad de reducir al mínimo las restricciones a la libertad del menor, principios asumidos tanto por las Reglas de Beijing como por la Recomendación N.º R (87) 20 del Comité de Ministros del Consejo de Europa y por nuestra LORPM, deben, en todo caso, ser observados.

En esta última Recomendación se parte de la consideración de que los jóvenes son seres en evolución y, por consiguiente, «todas las medidas adoptadas respecto de ellos deberían tener un carácter educativo». Igualmente, las reacciones sociales ante la delincuencia juvenil deben «tener presente la personalidad y las necesidades específicas de los menores».

Por lo demás, la Convención de Derechos del Niño, de 20 de noviembre de 1989 (ratificada por España el 30 de noviembre de 1990), en su art. 3, apartado 1, establece la necesidad de atender al interés superior del niño en todas las medidas que se adopten. Este principio, como brújula que ha de orientar el proceso de selección y aplicación de las medidas, se reconoce profusamente en la Exposición de Motivos de la LORPM y se concreta en la regla básica de determinación de las medidas contenida en el art. 7.3 LORPM.

En los supuestos de alumnos implicados en malos tratos a sus iguales, es esencial que, sea cual sea la medida que se les aplique, la misma tenga una orientación educativa que les ayude a interiorizar la valoración de su comportamiento y a com-

A la pregunta de si la Ley es aplicable en el ámbito del proceso penal de menores, ha de contestarse afirmativamente. El art. 37.3 LORPM, integrado en el Título V bajo la rúbrica *de la fase de audiencia*, expresamente lo prevé: *en su caso, en este procedimiento se aplicará lo dispuesto en la legislación relativa a la protección de testigos y peritos en causas penales.*

LA RESPUESTA AL ACOSADOR DESDE LA JURISDICCIÓN DE MENORES

Un correcto tratamiento del menor acosador debe estar presidido por la filosofía educativa y socializadora inherente a la LORPM. Por ello, ha de partirse de que estos menores son susceptibles de reeducación, y que pueden cambiar, por lo que debe huirse de un etiquetaje de los mismos como matones o acosadores, pues tal etiquetaje conlleva el riesgo cierto de hacer que los mismos asuman perennemente el rol institucional o socialmente asignado.

Si, en general, en Derecho Penal de menores debe huirse de generalizaciones y ha de buscarse la respuesta individualizada adecuada para cada caso, cuando la conducta analizada integra un supuesto de acoso escolar, estas reflexiones, si cabe, se potencian aún más, pues no hay, desde luego, una respuesta única. Cada caso puede requerir una específica intervención.

Existirán incluso supuestos que, encuadrables en el concepto social amplio de acoso, no sean susceptibles de subsunción en ningún tipo penal. En este sentido, se ha hablado por la doctrina de la necesidad de respetar un umbral de relevancia penal mínima.

En estos casos de falta de significación penal, la única respuesta de la jurisdicción de menores será la remisión del testimonio a la dirección del centro para que éste adopte las iniciativas que estime oportunas, sin perjuicio, en su caso, de la reapertura de las Diligencias ante nuevos hechos con significación jurídico penal.

En el interrogatorio del menor víctima habrá de tenerse especial cuidado, pues si se realiza de forma insistente, existe un riesgo cierto de bloqueo en los casos en los que el mismo sea reacio a comunicar lo que le está pasando. Los adolescentes son renuentes a comunicar a los adultos problemas cuya resolución entienden es de su incumbencia, por lo que los Señores Fiscales habrán de ser especialmente hábiles a la hora de tratar de abrir un canal de comunicación con los mismos.

Los Señores Fiscales habrán, en su caso, de sortear las dificultades probatorias inherentes a este tipo de delitos, tratando de realizar un acopio suficiente de elementos, entre los que será especialmente interesante el testimonio de los amigos del menor y de los compañeros de clase, así como el de los propios progenitores o representantes del mismo. A estos efectos, debe tenerse presente que los menores víctimas de acoso tienden con mucha mayor frecuencia a comunicar la situación por la que están atravesando a sus amigos-iguales que a sus profesores o progenitores, o adultos en general.

La necesidad de evitar faltas de cooperación e inhibiciones por parte de posibles testigos, reacciones frecuentes en este tipo de delitos en los que víctimas, victimarios y testigos conviven y pasan juntos una parte importante de la jornada, antes y después del inicio del procedimiento, impone el análisis de la aplicabilidad en fase de instrucción de las disposiciones contenidas en la Ley Orgánica 19/1994, de 23 de diciembre, *de Protección a Testigos y Peritos en causas criminales*, así como los presupuestos de aplicación de los mecanismos de tutela a testigos en ella comprendidos y el órgano competente para adoptar tales decisiones.

La Ley Orgánica 19/1994 prevé la adopción de una serie de medidas con tal objeto cuando *la autoridad judicial aprecie racionalmente un peligro grave para la persona, la libertad o bienes de quien pretenda ampararse en ella* (art. 1.2), correspondiendo al Juez de Instrucción acordar motivadamente, de oficio o a instancia de parte, las medidas que estime necesarias *para preservar la identidad de los testigos y peritos, su domicilio, profesión y lugar de trabajo...* (art. 2).

cluso de comunicar su situación a sus representantes legales o a sus profesores. La pérdida de autoestima y el temor a que la situación empeore lleva en muchos casos a los acosados a soportar estoicamente la situación, persuadidos de que no hay solución. Incluso, en ocasiones, la víctima llega a convencerse de que merece el tratamiento que recibe por parte del acosador.

Del mismo modo, los estudios muestran una tendencia a que el fenómeno pase inadvertido para los adultos. A mayor edad en el acosado, menor probabilidad de que el mismo comunique la situación a sus mayores. Ello lleva a que los casos de menores que sufren el acoso en silencio, invisibles para los adultos, sean abundantes.

Además, debe tenerse en cuenta que en un alto número de supuestos las agresiones físicas o no existen o por su levedad no dejan huella susceptible de objetivación.

Ha de procurarse, pues, superar lo que se ha denominado «conspiración del silencio» para ilustrar las dificultades que las características propias del acoso escolar generan para que éste llegue a conocimiento de las instancias oficiales, ya escolares, ya extraescolares.

Es, por tanto, esencial transmitir al menor que está siendo víctima de acoso que no es culpa de él y que no tiene por qué afrontar el problema en solitario.

En muchas ocasiones, las denuncias formuladas ante la Policía o redactadas por las propias víctimas no aportan elementos suficientes para aclarar si nos encontramos ante un verdadero supuesto de acoso escolar. Muchos de estos casos pueden ser transmitidos de forma fragmentaria, oscura o confusa, con apariencia de incidente aislado. Por ello, es necesario que los Señores Fiscales, en todos los supuestos en los que se denuncien actos de agresiones, amenazas o vejaciones en el ámbito escolar, antes de adoptar una decisión de fondo, citen a la víctima a fin de tomarle personalmente declaración. La inmediación seguida de un interrogatorio adecuado será una poderosa herramienta para clarificar la entidad de la situación denunciada y para adoptar la decisión más adecuada.

la aplicación de las directrices contenidas en la presente Instrucción.

Delito contra la integridad moral

Principios

Cuando los hechos tengan la entidad suficiente, la conducta de acoso podrá calificarse conforme al tipo penal previsto en el art. 173.1, que castiga al que *infligiera a otra persona un trato degradante, menoscabando gravemente su integridad moral.*

Medidas cautelares

La respuesta al acoso escolar desde la jurisdicción de menores debe pivotar sobre tres ejes: protección de la víctima con cesación inmediata del acoso, respuesta educativa-sancionadora al agresor, modulada según sus circunstancias psico-sociofamiliares y según la entidad de los hechos cometidos y, en su caso, reparación de daños y perjuicios.

El Fiscal podrá interesar medidas cautelares en protección de la víctima. En los casos mas graves, cabrá, eventualmente, aplicar la medida de internamiento. No obstante, la aplicación de esta medida debe, necesariamente, restringirse, teniendo en cuenta los principios de excepcionalidad, proporcionalidad, subsidiariedad y provisionalidad que si rigen en el proceso penal en general, en el especial de menores aún tienen mayor rango y operatividad.

Transmisión de la *notitia criminis*. Aspectos relativos a la prueba

Es frecuente que las víctimas de acoso estén demasiado asustadas para dar el paso adelante de formular una denuncia, in-

No debe caerse en la tentación de sustraer el conflicto de su ámbito natural de resolución. La comunidad escolar es, en principio, y salvo los casos de mayor entidad, la más capacitada para resolver el conflicto. Por lo demás, muchos de los victimarios no habrán alcanzado los 14 años, *conditio sine qua non* para la intervención del sistema de Justicia Juvenil.

El propio Defensor del Pueblo, en su informe sobre *Violencia escolar: el maltrato entre iguales en la educación secundaria obligatoria* (Madrid, 2000), consideraba que «la respuesta normal debe ser, además de la acción preventiva, la que se produce en sede de disciplina escolar».

TIPIFICACIÓN PENAL DEL ACOSO ESCOLAR

Pautas generales

Si se sigue la definición amplia de acoso escolar que suelen emplear psiquiatras, psicólogos y pedagogos (exposición de un alumno, de forma repetida y durante un tiempo, a acciones negativas que llevan a cabo otro u otros alumnos), no existe una traducción jurídico-penal unitaria de estos comportamientos. Las tonalidades más o menos intensas que estas conductas violentas, intimidatorias o denigratorias llegan a alcanzar, pueden plasmarse en una amplia gama cromática no susceptible de reduccionismos o simplificaciones. Debe, por tanto, partirse de que el concepto de acoso escolar es metajurídico, pudiendo tener diversas significaciones jurídico-penales, desde la mera falta a la comisión de un delito grave.

Habrá de estarse en cada supuesto a los hechos que pueden estimarse indiciariamente acreditados como paso previo a la operación de subsunción penal. En todo caso, debe partirse de que, conceptualmente, el acoso escolar requiere de una cierta continuidad o reiteración, debiendo distinguirse estas conductas de los incidentes aislados. No obstante, también un incidente aislado, cuando el rango del bien jurídico afectado lo demande y cuando tenga lugar en el ámbito docente, puede justificar

y en una sociedad axiológicamente plural, la libertad, la tolerancia y la solidaridad.

La educación debe trasmitir los valores que hacen posible la vida en sociedad, singularmente el respeto a todos los derechos y libertades fundamentales, a los bienes jurídicos ajenos y los hábitos de convivencia democrática y de respeto mutuo y avanzar en la lucha contra la discriminación y la desigualdad.

LA INTERVENCIÓN DESDE LA JURISDICCIÓN DE MENORES: SUBSIDIARIEDAD

Bajo la etiqueta de acoso escolar se esconde un fenómeno proteiforme con manifestaciones de distinta gravedad. Ha de partirse, además, de que el acoso escolar es un mal profundamente arraigado en el entorno educativo, desde tiempos inmemoriales, en el que confluyen una pluralidad de causas y cuyo tratamiento es complejo. No puede, desde luego, caerse en la simplificación de reducir su abordaje mediante medidas puramente represivas y menos aún a su tratamiento centrado en la jurisdicción de menores, pues este enfoque simplista puede llevar a un enquistamiento del problema.

Los expertos coinciden en que el primer nivel de lucha contra el acoso escolar debe estar liderado por los profesores del centro educativo, y que ellos deben ser los primeros destinatarios de la puesta en conocimiento del problema. El abordaje debe ser conjunto, y preferentemente desde los niveles básicos de intervención: padres, profesores y comunidad escolar.

El tratamiento debe ser fundamentalmente preventivo, e incluso, una vez detectado un caso, cabrá adoptar distintas respuestas, en ocasiones desde el ámbito estrictamente académico. En muchos casos, la reacción dentro del Centro docente es suficiente para tratar el problema: medidas sancionadoras internas en el propio centro, reflexión con el propio alumno y/o el grupo, reuniones con la familia, cambio de la organización de aula, etc.

al niño contra toda forma de perjuicio o abuso físico o mental, descuido o trato negligente, malos tratos o explotación, incluido el abuso sexual, mientras el niño se encuentre bajo la custodia de los padres, de un representante legal o de cualquier otra persona que lo tenga a su cargo (art. 19.1), y (3) adoptarán cuantas medidas sean adecuadas para velar por que la disciplina escolar se administre de modo compatible con la dignidad humana del niño y de conformidad con la presente Convención (art. 28.2).

Esa necesidad de especial protección del niño frente a toda clase de maltrato está latente en un amplio número de artículos de la CDN (arts. 2, 11, 16, 19, 32, 33, 34, 35, 36, 37, 38 y 39).

Por otra parte, la CDN establece que la educación debe estar encaminada al desarrollo de la personalidad, el respeto de los derechos humanos, el respeto de los padres y la propia identidad cultural y nacional, la vida responsable en una sociedad con espíritu de comprensión, paz, tolerancia e igualdad, y el respeto al medio ambiente natural (art. 29).

Desde el punto de vista interno, debe recordarse que la Constitución declara como derechos fundamentales, junto al derecho a la educación (art. 27), el derecho a la integridad física y moral (art. 15); el derecho a la libertad y a la seguridad (art. 17) y el derecho a la tutela judicial efectiva (art. 24).

La educación ha de tener por objeto, conforme a la Constitución *el pleno desarrollo de la personalidad humana en el respeto a los principios democráticos de convivencia y a los derechos y libertades fundamentales* (art. 27.2 CE), finalidad coherente con un sistema que pretende configurar la dignidad de la persona y los derechos inviolables que le son inherentes, junto con el libre desarrollo de la personalidad, el respeto a la Ley y a los derechos de los demás, como *fundamento del orden político y de la paz social* (art. 10.1 CE).

El objetivo primero y fundamental de la educación, como refiere el Preámbulo de la LO 1/1990, de 3 de octubre, *de Ordenación General del Sistema Educativo,* está dirigido al desarrollo de la capacidad de los menores para ejercer, de manera crítica

matonismo entre nuestros menores como algo inherente a la vida de los centros escolares e institutos.

La radical sensibilización que se ha producido en relación con la violencia doméstica, que ha llevado a tratamientos de tolerancia cero, debe ahora ser trasladada al acoso escolar, si bien las respuestas, en todo caso, han de ser tamizadas por los principios que informan el Sistema de Justicia Juvenil.

Al hilo de estas reflexiones, los Señores Fiscales deben tener presente que los Centros de Internamiento de menores previstos en la LORPM también son ámbitos de riesgo en relación con potenciales conductas de acoso, incluso de intensidad superior a las que se producen en Centros Educativos, por lo que igualmente en estos espacios habrán de mantenerse especialmente vigilantes.

Acoso escolar y derechos humanos, en especial, el derecho a la educación

Las disposiciones básicas desde las que abordar el tratamiento jurídico de este fenómeno las encontramos en la Convención de Derechos del Niño (CDN), en la Constitución y en la legislación educativa, además de en la LORPM.

La lucha contra el acoso escolar es un imperativo derivado del reconocimiento de los derechos humanos y de la necesidad de colocar el respeto de la dignidad de la persona como clave de bóveda del Estado de Derecho.

En esta línea, debe recordarse que la CDN impone a los Estados parte las siguientes obligaciones: (1) se asegurarán de que las instituciones, servicios y establecimientos encargados del cuidado o la protección de los niños cumplan las normas establecidas por las autoridades competentes, especialmente en materia de seguridad, sanidad, número y competencia de su personal, así como en relación con la existencia de una supervisión adecuada (art. 3.3); (2) adoptarán todas las medidas legislativas, administrativas, sociales y educativas apropiadas para proteger

en el aislamiento deliberado de la víctima, siendo frecuente que el mismo sea la resultante del empleo conjunto de todas o de varias de estas modalidades. La igualdad que debe estructurar la relación entre iguales degenera en una relación jerárquica de dominación-sumisión entre acosador/es y acosado. Concurre también en esta conducta una nota de desequilibrio de poder, que puede manifestarse en forma de actuación en grupo, mayor fortaleza física o edad, aprovechamiento de la discapacidad de la víctima, etc.

El acoso se caracteriza también por el deseo consciente de herir, amenazar o asustar por parte de un alumno frente a otro. Todas las modalidades de acoso son actos agresivos en sentido amplio, ya físicos, verbales o psicológicos, aunque no toda agresión da lugar a acoso.

El acoso, en su modalidad de agresión emocional o psicológica, es aún menos visible para los profesores, pero es extremadamente doloroso. Condenar a un menor al ostracismo escolar puede ser, en determinados casos, más dañino incluso que las agresiones leves continuadas. El acoso, en su modalidad de exclusión social, puede manifestarse en forma activa (no dejar participar) en forma pasiva (ignorar) o en una combinación de ambas.

El acoso también puede practicarse individualmente o en grupo, siendo esta última modalidad la más peligrosa, pues si, por una parte, los acosadores tienen por lo general en estos casos un limitado sentimiento de culpa, tendiendo a diluirse o difuminarse la conciencia de responsabilidad individual en el colectivo, que se autojustifica con el subterfugio de que no se sobrepasa la mera diversión, por otra, el efecto en la víctima puede ser devastador a consecuencia del inducido sentimiento de soledad.

La consecución del objetivo de lograr un ambiente de paz y seguridad en los Centros Educativos y en el entorno de los mismos, donde los menores puedan formarse y socializarse adecuadamente, debe tornarse en meta irrenunciable, superando la resignada aceptación de la existencia de prácticas de acoso o

del acoso en la víctima pueden concretarse en angustia, ansiedad, temor, terror a veces al propio centro, absentismo escolar por el miedo que se genera al acudir a las clases y reencontrarse con los acosadores, fracaso escolar y aparición de procesos depresivos que pueden llegar a ser tan prolongados e intensos que desemboquen en ideas suicidas, llevadas en casos extremos a la práctica.

Estos efectos negativos afectan no solamente a quien sufre como víctima, sino también a quien los inflige como victimario, pues, a largo plazo, existen altas probabilidades de que el acosador escolar asuma permanentemente ese rol durante su vida adulta, proyectando los abusos sobre los más débiles en el trabajo (mobbing) y/o en la familia (violencia doméstica o violencia de género). Por ello, se ha podido decir que este tipo de acoso debilita los cimientos de la sociedad civilizada. El intimidador aprende a maltratar, comienza a sentirse bien con el papel que refuerza disocialmente su conducta, convirtiéndose, muchas veces, en la antesala de una carrera delincuencial posterior. Si los intimidadores no reciben rápidas y enérgicas valoraciones negativas a su conducta, y respuestas firmes de que no van a resultar impunes, y/o si son «recompensados» con cierto nivel de popularidad y sumisión entre los demás compañeros, el comportamiento agresivo puede convertirse en una forma habitual de actuar, haciendo de la dominación un estilo normalizado en sus relaciones interpersonales.

La nocividad del acoso escolar alcanza incluso a los menores que como testigos mudos sin capacidad de reacción lo presencian, pues, por un lado, se crea un ambiente de terror en el que todos se ven afectados como víctimas en potencia y, por el otro, estos menores están expuestos al riesgo de asumir una permanente actitud vital de pasividad, cuando no de tolerancia, hacia la violencia y la injusticia.

Debe deslindarse el acoso escolar de los incidentes violentos, aislados u ocasionales, entre alumnos o estudiantes. El acoso se caracteriza, como regla general, por una continuidad en el tiempo, pudiendo consistir los actos concretos que lo integran en agresiones físicas, amenazas, vejaciones, coacciones, insultos o

de la jurisdicción de menores. Incluso las manifestaciones más sutiles de estos comportamientos antisociales, tales como el aislamiento deliberado de un menor, exclusión o motes vejatorios han sido tradicionalmente toleradas sin más.

De hecho, muchos de los actos encuadrables en el acoso escolar han sido —siguen siéndolo aún— frecuentemente considerados parte integrante de la experiencia escolar, inherentes a la dinámica propia del patio del colegio, como una lección más de la escuela en la que, como anticipo de la vida, el menor tiene que aprender a resistir, a defenderse, a hacerse respetar e incluso a devolver el golpe. En esta concepción darwinista de la lucha por la vida, los más débiles quedan con frecuencia sometidos a los designios de los matones o acosadores escolares.

El silencio de las víctimas y de los testigos, cuando no de los propios centros, ha contribuido al desconocimiento de la magnitud del problema.

Aún en nuestros días hay quien mantiene que las reflexiones sobre el acoso escolar son una moda pasajera. Tales esquemas revelan una clara deficiencia en el diagnóstico y en la terapia de las patologías que afectan a la comunidad escolar, miopía que debe ser definitivamente corregida, pues su aceptación lleva al riesgo cierto de minimizar el problema, ubicándolo en una zona de sombras desde donde —oculto— siempre se ha mantenido, disfrutando de total impunidad. Negar o relativizar el problema es el más grave error en el que se puede incurrir.

Si la aplicación de violencia o intimidación a las relaciones humanas es siempre reprobable y debe ser combatida por el Estado de Derecho, cuando el sujeto pasivo de la misma es un menor, el celo del Estado debe ser especialmente intenso, y ello por dos motivos: en primer lugar, por la situación de especial vulnerabilidad en cierta manera predicable con carácter general de los menores; en segundo lugar, por los devastadores efectos que en seres en formación produce la utilización como modo de relación de la violencia y/o la intimidación. La experiencia de la violencia genera un impacto profundamente perturbador en el proceso de socialización de los menores. Los nocivos efectos

Introducción

NOTAS CARACTERÍSTICAS DEL ACOSO ESCOLAR

El problema del acoso escolar (*bullying*, en la extendida terminología anglosajona) se ha caracterizado hasta hace bien poco por ser un fenómeno oculto, que, pese a haber estado presente desde siempre en las relaciones entre los menores en los centros educativos y fuera de los mismos, no ha generado estudios, reflexiones o reacciones ni desde el ámbito académico ni desde las instancias oficiales.

En los países más avanzados de nuestro entorno, el acoso escolar comenzó a generar preocupación y a provocar la reacción de las autoridades desde finales de la década de los años ochenta del siglo XX, siendo en nuestro país un motivo de preocupación desde hace escasos años.

En cierta manera, ha ocurrido con este fenómeno algo parecido a lo experimentado con la violencia doméstica: hasta hace poco, se consideraba algo inevitable y, en cierta manera, ajeno a las posibilidades de intervención del sistema penal, como problema de carácter estrictamente privado que debía ser solventado en el seno de las relaciones entre iguales o, cuando más, en el ámbito de la disciplina escolar, sin intervención por parte

ANEXO I

Acoso escolar
Instrucción FGE 10/2005,
de 6 de octubre, sobre el tratamiento
del acoso escolar desde el Sistema
de Justicia Juvenil

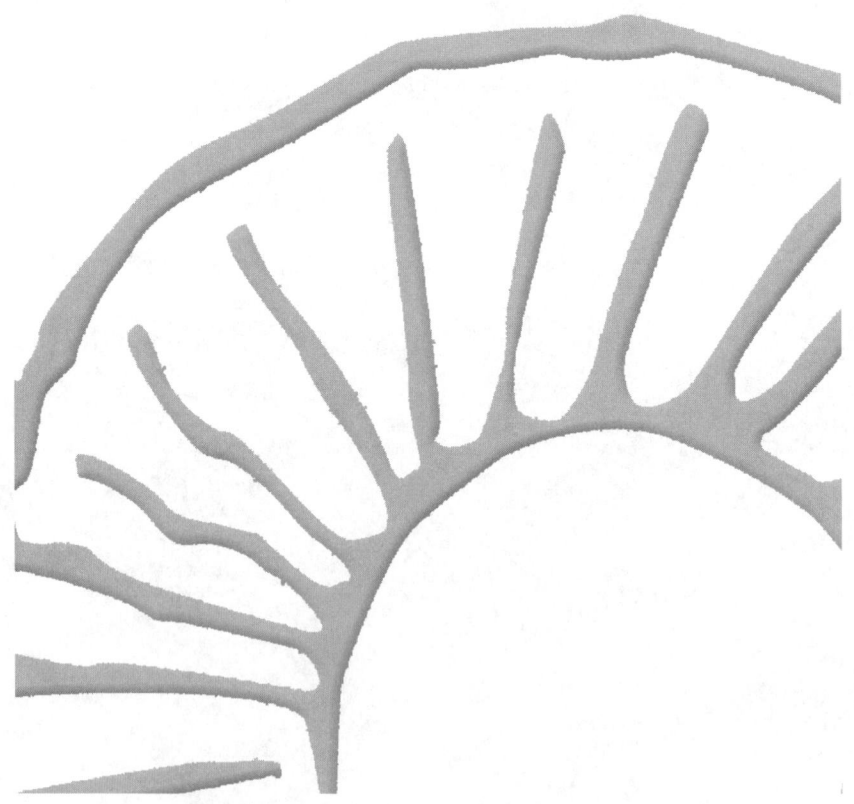

- Incorpórate del respaldo y echa los hombros hacia atrás como si fueran a juntarse por detrás de la espalda...; vuelve a la posición normal.

5. PECHO
- Tensa los músculos del pecho...; relaja y vuelve a la posición normal.

6. ESTÓMAGO
- Tensa el estómago y el vientre...; vuelve a la posición normal.

7. NALGAS
- Tensa los glúteos apretándolos como si trataras de levantarte apoyándote en ellos...; vuelve a la posición inicial.

8. PIERNAS
- Estira las piernas levantando las puntas de los dedos hacia la nariz...; relaja volviendo a la posición inicial.

PARA TERMINAR EL EJERCICIO

Acabamos con tres series de inspiración-espiración.

Mueve los dedos de los pies y de las manos, frota también las manos, abre los ojos y, si te apetece, puedes desperezarte.

- Tensa la frente frunciendo el entrecejo...; relaja.
- Aprieta fuertemente los párpados...; vuelve a la posición inicial.
- Estira las comisuras de los labios como en una sonrisa forzada...; vuelve a la posición inicial.
- Junta los labios como si quisiéramos dar un fuerte beso al aire...; relaja.
- Junta los labios y apriétalos dirigiéndolos hacia dentro de la boca.
- Presiona con la lengua el paladar superior...; vuelve a la posición inicial.
- Aprieta fuertemente la mandíbula...; relaja.

2. CUELLO
- Inclina la cabeza hacia la derecha haciendo que la oreja se acerque al hombro...; vuelve a la posición normal y lo mismo hacia la izquierda.
- Inclina la cabeza hacia atrás haciendo que la nuca se aproxime a la espalda...; vuelve a la posición de reposo.
- Inclina la cabeza hacia delante haciendo que la barbilla se apoye en el pecho...; vuelve a la posición normal.

3. BRAZOS
- Aprieta fuertemente los puños y nota cómo los músculos se ponen en tensión...; abre la mano relajándola.
- Dobla los brazos con los puños apretados, tensando los músculos...; relaja volviendo a la posición normal.

4. HOMBROS
- Levanta ambos hombros tratando de aproximarlos a las orejas...; relaja.

- Reconocer y relajar la tensión muscular.
- Practicar diariamente en casa.
- Aplicar la relajación en la vida cotidiana.
- Convertir la relajación en un hábito.

12.1. Condiciones para comenzar la relajación

- Sobre todo durante las primeras sesiones, el ambiente donde se vaya a realizar la relajación debe ser tranquilo, con una temperatura agradable y libre de distracciones.
- En cuanto al atuendo, hay que recalcar que el individuo se encuentre cómodo, siendo preferible no utilizar ropas ajustadas, gafas, etc., que puedan distraer durante el proceso de relajación.
- La postura puede ser tumbada, en posición supina, o sentada «de cochero».
- Antes y después de este ejercicio es conveniente realizar tres inspiraciones y sus correspondientes espiraciones con el fin de lograr una relajación completa (inspirar: como si oliésemos una flor, espirar: como si apagásemos una vela).

El ejercicio consiste en la tensión y relajación de distintas series de músculos.

Permaneceremos con los ojos cerrados hasta terminar todos los ejercicios.

Repetiremos cada ejercicio dos veces.

Empezamos:

1. CARA
   - Tensa la frente levantando las cejas...; vuelve a la posición normal.

— A veces, me pone muy nervioso:
- Cuando el profesor me pregunta alguna cosa.
- Cuando leo en voz alta.
- Cuando un chico/a me mira.
- Cuando le he de pedir algo a un compañero/a.
- Cuando alguien se mete conmigo.
- Cuando me piden algo y no quiero dejarlo, pero no sé decir no.

— Como consecuencia de todo esto:
- Me cuesta respirar.
- Me tiemblan las manos.
- El corazón me va muy deprisa.
- Me duele el estómago.

Una técnica de relajación sencilla y fácil de aplicar es la relajación muscular, cuya ventaja estriba en dotar al sujeto de una tranquilidad que va alcanzando progresivamente según va realizando la relajación.

A principios del siglo xx, las técnicas de relajación eran utilizadas sólo en el ámbito clínico, pero actualmente las pueden llevar a cabo todas las personas.

Debido a la importancia que hoy en día se le otorga a la «tensión», estrés... como causantes de diversos desequilibrios que a su vez también repercuten en cualquier ámbito de la vida cotidiana del sujeto, se ha producido un aumento del interés por estas técnicas.

Las técnicas de relajación muscular progresiva son un conjunto de ejercicios mediante los cuales se tensan y relajan los distintos grupos musculares del cuerpo para poder, de esta manera, redescubrir cuándo nuestros músculos están en tensión y aplicar entonces el procedimiento. El éxito de la relajación depende de:

Cuando nos ponemos nerviosos, los músculos de nuestro cuerpo se ponen tensos y estirados, tanto que hacemos mucha fuerza con ellos sin darnos cuenta. Todo esto conduce a una situación de tensión que produce nerviosismo; así, lo contrario de tensión sería relajación, y ésta, a su vez, produce tranquilidad. En otras palabras, relajarse significa no hacer fuerza con nuestros músculos y aprender a aflojarlos para estar tranquilos.

Antes de enseñarte a relajarte, vamos a hacer un breve repaso:

— Relajarse consiste en:
- Hacer respiraciones lentas y profundas.
- Aflojar los músculos de la cara, los brazos, las piernas.
- Pensar en lo tranquilo que estás.

— Sirve para:
- No estar nervioso.
- Tranquilizarse.
- Solucionar problemas de vergüenza, timidez, nervios, enfado…

CAPÍTULO 12
Técnicas de relajación

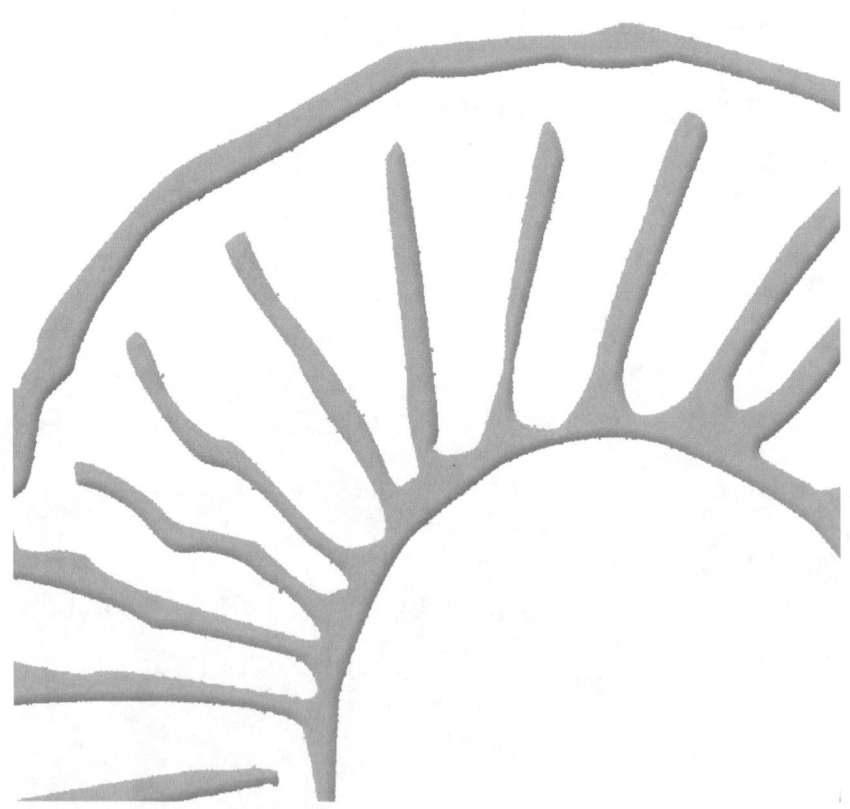

- Empieza un voluntario.
- Se levanta y coge una servilleta de cada color.
- Elige tres compañeros/as y ofrece una a cada uno en función del significado del color:

    — Rojo: significa que necesita o quiere su amistad.
    — Blanco: significa que le pide ayuda.
    — Azul: le está diciendo que quiere ser como él.

- Una vez que ha repartido las tres servilletas, vuelve a su sitio y sale otro, que hace lo mismo hasta que hayan pasado todos los que libremente lo deseen.
- Al finalizar la actividad se hace una apuesta en común en la que cada uno expresará qué sentimientos o impresiones le ha causado tener servilletas de un determinado color.
- Aquellos que no han querido participar deberán explicar qué sentían cuando sus compañeros recibían las servilletas.

11.1.2. Técnica del panel

- Consiste en seleccionar un tema de actualidad, en este caso, relativo a la violencia escolar.

- Se les pide a los alumnos que busquen una noticia de acoso utilizando cualquier medio de comunicación (televisión, prensa, radio, Internet...).

- Formar grupos con toda la clase-aula de entre cuatro o cinco miembros.

- Cada grupo debe reorganizar la información aportada y realizar un mural con ella.

- Cada grupo elegirá un portavoz, que pondrá en conocimiento del resto de la clase los resultados obtenidos y las conclusiones, así como una explicación de lo que ha supuesto realizar esta experiencia.

Una sugerencia es que, a la hora de formar los grupos, tengamos en cuenta que dos alumnos muy antagónicos queden en el mismo grupo.

11.1.3. La servilleta

Objetivos

- Facilitar una comunicación afectiva entre los miembros del grupo.

- Conseguir que ciertos componentes del grupo puedan expresar sus sentimientos hacia otros y que, así, se favorezca un mejor clima de relación.

- Fomentar los lenguajes no verbales de comunicación

Actividad

La dinámica consiste en sentar al grupo en círculo. En el centro, se colocan tres paquetes de servilletas de colores (rojo, blanco y azul).

11.1.1. Cosas en común

Para demostrar al grupo-aula que no existen tantas diferencias entre ellos, realizaremos el siguiente ejercicio.

- Consiste en proporcionar una hoja con determinadas palabras que el alumno deberá señalar en función de aquello que se asemeja más a su criterio de selección.
- Después, reflejaremos en la pizarra el total de coincidencias que los alumnos han señalado en su hoja individual.
- Con los resultados del gran grupo, se procede al debate.

Objetivos

- Comprobar que los jóvenes no tienen gustos y preferencias muy distantes.
- Acercar posiciones desde el conocimiento de lo que nos une.

Actividad

- Me gustaría ser: bebé, niño, chico, joven, adulto, viejo.
- Mi fiesta preferida es: un bautizo, una boda, un santo, una fiesta.
- Prefiero: discoteca, campo, cine, playa, bosque, mar.
- Me convierto en: león, pájaro, jirafa, elefante, canario, lechuza.
- Elijo: tulipán, rosa, cactus, geranio, césped.
- Cambiaría: mi voz, mi cara, mis piernas, mi pelo, mis manos.
- Se me da muy bien: estudiar, holgazanear, cantar, despistar, divertirme.
- Se me da muy mal: dibujar, ligar, pelear, suplicar, enfadarme.

11.1. Introducción

Las dinámicas de grupo son técnicas de discusión verbal con las cuales se pueden confrontar diferentes puntos de vista en un clima de armonía y respeto. Por otro lado, permiten desarrollar la competencia comunicativa, esto es, ejercitar la pronunciación y practicar la coherencia entre el tono de voz, el lenguaje no verbal y el uso de un lenguaje adecuado; de este modo, las personas que las practiquen pueden lograr tener mayores resultados en función de su práctica.

Dentro de la prevención del acoso escolar, practicar las dinámicas de grupos cobra gran importancia en tanto en cuanto su utilización permite trabajar técnicas que facilitan que los alumnos se conozcan mejor. También permiten fomentar la cohesión y participación de los grupos, así como posibilitar una comunicación afectiva entre los miembros del mismo, y, no menos importante, conseguir que ciertos componentes del grupo puedan expresar sus sentimientos hacia otros.

> *La utilización de las dinámicas de grupo puede ayudar tanto al agresor como a la víctima.*

Algunos ejemplos de dinámicas de grupo se explican a continuación:

CAPÍTULO 11
Técnicas de dinámicas de grupo

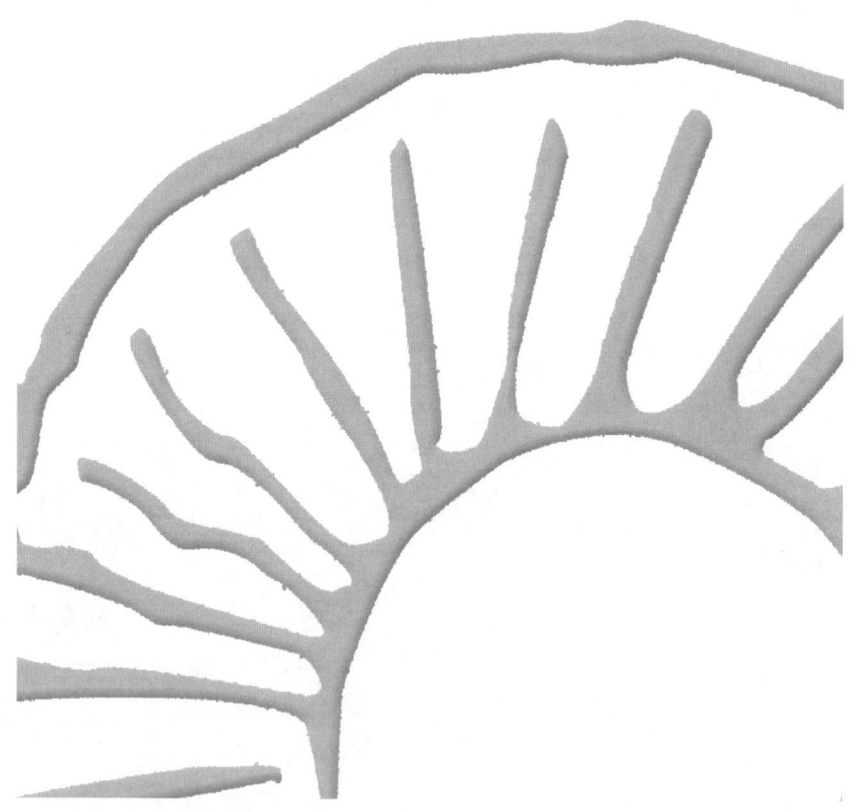

3. Decidir un objetivo: pensar en cómo me gustaría que fueran mis relaciones en el colegio; es decir, qué es lo que deseo de esta situación.

    Ejemplo: «Quiero tener amigos en el colegio, llevarme bien con ellos y que nos respetemos».

4. Piensa en la mayoría de soluciones posibles:

    Ejemplos:

    - Mantener siempre la calma; ponerme en el lugar de ellos.
    - Intentar compartir los juegos y no querer jugar siempre a los míos.
    - No enfadarme si no aceptan mis normas.
    - Escuchar a los otros.

5. Piensa en las consecuencias de cada solución: ¿qué ocurriría si las pusiera en práctica?

    Ejemplos:

    - Habrá más tranquilidad.
    - Tendremos un mayor acercamiento.
    - Me permitirán jugar con ellos, unas veces a sus juegos y otras a los míos.

6. Escoger la mejor solución: implica empezar por la más sencilla, o con aquella que se piensa va a salir bien, y valorar las consecuencias de llevar a cabo cada solución.

7. Si el problema no se resuelve, pedir ayuda a un adulto (padres, tutores…). A veces, puede resultar difícil cambiar algunos comportamientos si no contamos con la ayuda de otros.

Debemos recordar al alumno que los pasos para solucionar el problema llevan el orden reflejado anteriormente, ya que, si no se realiza de esta manera, es muy difícil solucionar el conflicto. Además, seguir todas y cada una de las fases permite que el pensamiento funcione de una manera lógica.

La técnica de la solución de problemas es un procedimiento mental para poder afrontar las situaciones problemáticas que se plantean en nuestras relaciones y resolverlas eficazmente. Por tanto, el tema que nos ocupa no es resolver un problema de matemáticas, sino problemas de relación con los demás: peleas, insultos, discusiones, enfados... Son situaciones en las que no sabes qué hacer, pero es necesario solucionarlas para sentirnos bien.

Para ello, debemos seguir una serie de pasos que impliquen cuestiones como éstas:

1. Darse cuenta de que hay un problema: los sentimientos negativos (ira, preocupación, tristeza...) son el primer indicador de que hay un problema.

    Ejemplo: «Siento una gran preocupación por mis relaciones en el colegio».

2. Pararse y pensar. Decidir cuál es el problema: tan pronto como detecte el problema, hay que averiguar cuál es y por qué se produce (piénsalo, verbalízalo en voz alta y escríbelo...).

    Ejemplo: «El problema es que me enfado enseguida y mis amigos no quieren jugar conmigo».

CAPÍTULO 10
Técnica de resolución de problemas

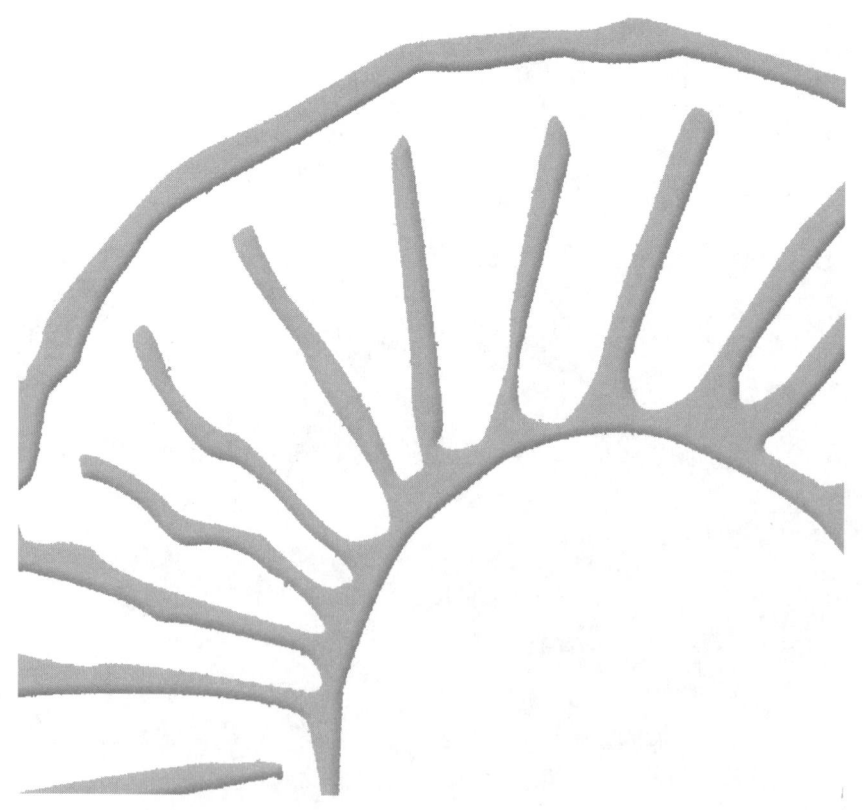

D) INTERROGACIÓN NEGATIVA

Es útil para conocer algo de los sentimientos o ideas de los demás, favoreciendo la comunicación cuando una persona critica a otra.

E) ACEPTAR CUMPLIDOS

En caso de recibir cumplidos sinceros hay que aceptarlos y no rechazarlos, para no parecer soberbios; tampoco hay necesidad de devolver los cumplidos de una forma automática, ni minimizar artificialmente nuestros méritos para que nos vean humildes, así como negar lo que los demás admiran como si fuera una falsa percepción.

Para utilizar cualquiera de las técnicas asertivas es importante recordar que la asertividad es la capacidad de una persona para expresar sentimientos, aptitudes y capacidades socialmente aceptadas e identificadas con la autoestima y el bienestar personal.

Ser asertivo implica defender los derechos personales y expresar los sentimientos, creencias y deseos de forma directa, honesta y apropiada sin violar los derechos de los demás.

Según los resultados obtenidos, comprobemos qué estilo de comunicación tenemos:

Comunicación Pasiva	Comunicación Agresiva	Comunicación Asertiva
• Te muestras indirecto. • No comunicas tus necesidades. • No expresas desacuerdos. • Tiendes a evadir o ignorar situaciones.	• Eres cerrado. • No escuchas. • Sacas provecho de la situación. • Dificultad para ver el punto de los demás. • Tiendes a provocar la agresión.	• Eres directo, claro y específico. • Estableces límites. • Clarificas y te expresas de manera directa. • Consideras a los demás y negocias.

Los tres tipos de comunicación se corresponden a su vez con los tres tipos de conducta: pasiva, agresiva y asertiva.

9.3.4. Otras técnicas asertivas

A) Disco rayado

Consiste en repetir insistentemente un conjunto de frases que indican nuestras negativas o solicitudes ante las negativas, solicitudes o manipulaciones de los demás.

B) Banco de niebla

Es una técnica que se utiliza cuando se reconoce la parte de verdad que existe en lo que dice la persona que supuestamente intenta manipular a otra, pero, a pesar de ello, la persona mantiene su postura inicial.

C) Aserción negativa

Es una forma de reaccionar apropiadamente ante las críticas de los demás cuando son justas, sin dar demasiadas excusas o justificaciones.

Ejercicio 3. Analicemos cuál es nuestro comportamiento en una conversación

Para ello, debemos contestar a las cuestiones de la siguiente tabla:

Marca con un círculo la opción elegida teniendo en cuenta la siguiente escala:

1. Siempre.
2. Con frecuencia.
3. Depende.
4. Pocas veces.
5. Nunca.

Siempre estoy callado.	1	2	3	4	5
Digo lo que pienso, aunque a otros les moleste.	1	2	3	4	5
A veces grito bastante.	1	2	3	4	5
Cuando doy mi opinión estoy de acuerdo con todos.	1	2	3	4	5
Espero a que me toque el turno para hablar.	1	2	3	4	5
No participo en la conversación porque no me expreso bien.	1	2	3	4	5
Escucho atentamente a los demás.	1	2	3	4	5
No hago caso a casi nada.	1	2	3	4	5
Prefiero escuchar en vez de participar.	1	2	3	4	5
Si me dejan, soy capaz de no parar de hablar.	1	2	3	4	5

Ahora bien, es muy importante saber distinguir entre decir no a demandas que nos producen desagrado y decir no por el hecho de que no hemos entendido bien el concepto y lo aplicamos de forma errónea, lo que puede ocasionarnos múltiples inconvenientes.

Veamos primero qué es una conversación y cuáles son las técnicas que podemos utilizar para mejorarla.

9.3.3. Técnicas de comunicación

Una conversación es un proceso en el que siempre intervienen un emisor y un receptor, o varios; en cualquier caso, hay que tener en cuenta algunas normas para mejorar las conversaciones con los demás:

- Antes de hablar hay que pensar bien lo que se va a decir.
- Es muy importante escuchar atentamente a tus compañeros.
- Hay que respetar el turno de palabra.
- Permitir que los demás también participen en la conversación.
- Las respuestas o preguntas deben ser adecuadas al tema de la conversación.

Un diálogo no es hablar a voces, ni chillar, ni hablar varios a la vez; tampoco es no escuchar, y tampoco es no prestar atención.

En las conversaciones con los amigos y compañeros se producen preguntas, respuestas, acuerdos (cuando se opina o piensa de la misma forma) y también desacuerdos (cuando no se opina del mismo modo que los demás).

Clave de corrección de la Escala de Autoestima de Cooersmith

La máxima puntuación que una persona podría alcanzar sería de 25 puntos, y la mínima de 0 puntos.

Puntúa con 1 punto las siguientes respuestas:

1	No me describe		14	Me describe	
2	No me describe		15	No me describe	
3	No me describe		16	No me describe	
4	Me describe		17	No me describe	
5	Me describe		18	No me describe	
6	No me describe		19	Me describe	
7	No me describe		20	Me describe	
8	Me describe		21	No me describe	
9	No me describe		22	No me describe	
10	Me describe		23	No me describe	
11	No me describe		24	Me describe	
12	No me describe		25	No me describe	
13	No me describe		Total puntuación:		

9.3.2. Técnicas de asertividad: aprende a decir NO

Como ya comentábamos antes, la asertividad es un factor importante en el entrenamiento de la autoestima, ya que lleva implícito un proceso bidireccional donde el lenguaje y/o la comunicación son los elementos indispensables que han de darse para que una persona aprenda a ser asertiva.

		Me describe aproximadamente	Nada tiene que ver conmigo o muy poco
1.	Más de una vez he deseado ser otra persona.		
2.	Me cuesta mucho hablar ante un grupo.		
3.	Hay muchas cosas en mí mismo que cambiaría si pudiera.		
4.	Tomar decisiones no es algo que me cueste.		
5.	Conmigo se divierte uno mucho.		
6.	En casa me enfado a menudo.		
7.	Me cuesta mucho acostumbrarme a algo nuevo.		
8.	Soy una persona popular entre la gente de mi edad.		
9.	Mi familia espera demasiado de mí.		
10.	En casa se respetan bastante mis sentimientos.		
11.	Suelo ceder con bastante facilidad.		
12.	No es nada fácil ser yo.		
13.	En mi vida todo está muy embarullado.		
14.	La gente suele secundar mis ideas.		
15.	No tengo muy buena opinión de mí mismo.		
16.	Hay muchas ocasiones en las que me gustaría dejar mi casa.		
17.	A menudo, me siento harto del trabajo que realizo.		
18.	Soy más feo que el común de los mortales.		
19.	Si tengo algo que decir, normalmente lo digo.		
20.	Mi familia me comprende.		
21.	Casi todo el mundo que conozco cae mejor que yo a los demás.		
22.	Me siento presionado por mi familia.		
23.	Cuando hago algo, frecuentemente me desanimo.		
24.	Las cosas no suelen preocuparme mucho.		
25.	No soy una persona muy de fiar.		

6. Dar responsabilidad: «Me fío de cómo lo hace».
7. Estimular la autoestima de los estudiantes, evitar las reprimendas en clase, el trato humillante, minimizar el estrés en la escuela...

Ejercicio 2. Autoevaluación

A continuación, le proponemos un ejercicio para valorar el nivel de autoestima de sus alumnos. La autoevaluación consta de un cuestionario de actitudes que el alumno deberá responder y corregir, una vez finalizado, con la clave de corrección que le propondrá el docente.

El profesor deberá comentar los resultados según la **Escala de Cooersmith.**

Ejercicio escala Autoestima.

Baremo

0-10   Destaca significativamente baja.

10-15   Media-baja.

15-16   Media.

16-22   Media alta.

22-25   Destaca significativamente alta.

Cuestionario de actitudes

De las frases que van a continuación, algunas describen probablemente situaciones o estados que a usted le ocurren con frecuencia y otras, por el contrario, situaciones que nada tienen que ver con usted. Señale seguidamente cuáles de ellas «le describen a usted» con una cierta aproximación y cuáles «no tienen nada que ver con usted».

Conteste a todas las preguntas y, por favor, hágalo con cierta rapidez.

rencias en talentos específicos, prestigio profesional o posición económica.

- Da por supuesto que es una persona interesante y valiosa para otros, por lo menos para aquellos con quienes se asocia.
- Nunca se deja manipular por los demás, aunque siempre está dispuesta a colaborar si le parece apropiado y conveniente.
- Reconoce y acepta en sí misma una variedad de sentimientos e inclinaciones tanto positivas como negativas y está dispuesta a revelarlas a otra persona si le parece que vale la pena.
- Es capaz de disfrutar diversas actividades, como trabajar, jugar, holgazanear, caminar, estar con amigos, etc.
- Es sensible a las necesidades de los otros, respeta las normas de convivencia generalmente aceptadas, reconoce sinceramente que no tiene derecho a medrar o divertirse a costa de los demás.

c) PREVENCIÓN

Si aprendemos autoestima desde pequeños, ésta será una defensa para las malas relaciones:

1. Reforzar lo positivo de la otra persona. Dar a los niños la oportunidad que exprese sus cualidades.
2. Escucha cálida y activa. Sin distracciones. Aceptación incondicional.
3. Feedback. Informaciones positivas acerca de lo que percibo de ti.
4. Evitar los elogios ambivalentes, por ejemplo: «Casi estás al nivel de tu hermano».
5. Fomentar un espacio de autonomía y libertad.

desmoronamiento interior cuando las cosas no salen con la perfección exigida.

- Culpabilidad neurótica, por la que se acusa y se condena por conductas que no siempre son objetivamente malas, exagera la magnitud de sus errores y delitos y/o los lamenta indefinidamente, sin llegar nunca a perdonarse por completo.

- Hostilidad flotante, irritabilidad a flor de piel, siempre a punto de estallar, aun por cosas de poca monta, propia del supercrítico a quien todo le sienta mal, todo le disgusta, todo le decepciona, nada le satisface.

- Tendencias depresivas, un negativismo generalizado (todo lo ve negro: su vida, su futuro y, sobre todo, a sí mismo) y una inapetencia generalizada del gozo de vivir y de la vida misma.

B) Características de la autoestima positiva

- Cree firmemente en ciertos valores y principios, está dispuesto a defenderlos, aun cuando encuentre fuerte oposición colectiva, y se siente lo suficientemente segura como para modificar esos valores y principios si nuevas experiencias indican que estaba equivocada.

- Es capaz de obrar según crea más acertado, confiando en su propio juicio, y sin sentirse culpable cuando a otros le parece mal lo que haya hecho.

- No emplea demasiado tiempo preocupándose por lo que haya ocurrido en el pasado, ni por lo que pueda ocurrir en el futuro.

- Tiene confianza en su capacidad para resolver sus propios problemas, sin dejarse acobardar por los fracasos y dificultades que experimente.

- Se considera, y realmente se siente igual, como persona a cualquier otra persona, aunque reconoce que existen dife-

— Más inclinados estaremos a tratar a los demás con respeto.
— Más contentos estaremos por el mero hecho de vivir.

Branden afirma que:

Aparte de los problemas biológicos, no existe una sola dificultad psicológica que no esté ligada a una Autoestima Deficiente:

Depresión	Angustia	Miedo a la intimidad
Miedo al éxito	Abuso del alcohol	Drogadicción
Bajo rendimiento escolar	Inmadurez emocional	Suicidio

A) ACTITUDES O POSTURAS HABITUALES QUE INDICAN AUTOESTIMA DEFICIENTE

La persona que se desestima suele manifestar alguno de los síntomas siguientes:

- Autocrítica rigorista y desmesurada que la mantiene en un estado de insatisfacción consigo misma.
- Hipersensibilidad a la crítica, por la que se siente exageradamente atacada y herida, echa la culpa de sus fracasos a los demás o a la situación y cultiva resentimientos pertinaces contra sus críticos.
- Indecisión crónica, no por falta de información, sino por miedo exagerado a equivocarse.
- Deseo innecesario de complacer a los demás, motivo por el cual no se atreve a decir NO por miedo a desagradar y a perder la benevolencia o buena opinión que de ella tiene el peticionario.
- Perfeccionismo, autoexigencia esclavizadora de hacer «perfectamente» todo lo que intenta, que conduce a un

puestas sean lo más objetivas posibles. Por ejemplo, si sólo preguntamos a nuestro padre o madre, lo más probable es que todo lo que nos digan de nosotros sea positivo; esto, obviamente, es bueno, pero también sería bueno preguntar a alguien menos allegado a la familia y que también nos conozca, por ejemplo, a un compañero/a del colegio, a un amigo/a fuera del contexto escolar, etc.

A partir de las respuestas obtenidas por los alumnos, esto es, semejanzas y diferencias en *a*), *b*) y *c*), podremos empezar a trabajar la autoestima y el autoconcepto del niño.

9.3.1. ¿QUÉ SIGNIFICA UNA AUTOESTIMA POSITIVA?

El nivel de autoestima es el responsable de muchos éxitos y fracasos escolares.

Una elevada autoestima, vinculada a un concepto positivo de sí mismo, potenciará la capacidad de la persona para desarrollar sus habilidades y aumentará el nivel de seguridad personal, mientras que un bajo nivel de autoestima enfocará a la persona hacia la derrota y el fracaso.

La autoestima es importante porque nuestra manera de percibirnos y valorarnos moldea nuestras vidas.

En la adolescencia los mensajes se superponen.

Las personas que valoro influyen en mi autoconcepto.

Cuanto más POSITIVA sea nuestra autoestima:

— Más preparados estamos para afrontar las adversidades.

— Más posibilidades tendremos de ser creativos en nuestro trabajo.

— Más oportunidades encontraremos de entablar relaciones enriquecedoras.

b) *Lo que yo creo que piensan los demás de mí*

Aspectos físicos	¿Cómo creo yo que ven los demás mi cara y todos los elementos que la forman?	Explica tus respuestas
	¿Cómo creo yo que los demás ven mi cuerpo?	Explica tus respuestas
	¿Cómo creo yo que me ven los demás?	Razona tu respuesta.
Aspectos psicológicos	¿Cómo creo yo que los demás perciben mi carácter?	Descríbelo
	¿Qué creo yo que piensan los demás de mis emociones?	Describe cómo lo manifiestan
	¿Cómo creo yo que perciben mis sentimientos?	Explica tu respuesta
Relaciones	¿Cuántos amigos/as creen los demás que tengo?	¿Por qué creen que tengo tantos? ¿Por qué creen que tengo tan pocos?
	¿Creen que me llevo bien o mal con los demás?	¿Por qué?
Resume cómo crees que te ven los demás teniendo en cuenta tus contestaciones		

c) *Preguntar a otros qué piensan de mí* siguiendo el mismo criterio que se enmarca en las fichas.

El ejercicio consiste en preguntar a un grupo de personas sobre la opinión que tienen de mí; de este modo podré cotejar los resultados de las fichas a), b) y c).

Conviene preguntar a una o dos personas de los distintos ambientes donde nos movemos, con el propósito de que las resal niño/a más avispado le costaría responder a la pregunta, sobre todo si tiene que explicarla abiertamente.

Objetivo

Conseguir que los alumnos piensen en su manera de ser, tanto positiva como negativamente, para sacar lo mejor de ellos mismos.

Procedimiento

El profesor proporcionará unas hojas con las siguientes cuestiones:

a) *Lo que yo pienso sobre mí mismo*

Aspectos físicos	¿Cómo es mi cara y todos los elementos que la forman? ¿Qué es lo que más me gusta y lo que menos?	Describe tu fisonomía Explica tus respuestas
	¿Cómo es mi cuerpo? ¿Qué es lo que más me gusta y lo qué menos?	Describe tu fisonomía Explica tus respuestas
Aspectos psicológicos	¿Cómo es mi carácter?	Descríbelo
	Cuáles son mis emociones	Cómo las manifiesto
	Cómo son mis sentimientos	Cómo los manifiesto
Relaciones	¿Cuántos amigos/as tengo?	¿Por qué tengo tantos? ¿Por qué tengo tan pocos?
	Me cuesta relacionarme con los demás No me cuesta relacionarme con los demás	Explica tu respuesta
Resume cómo eres teniendo en cuenta tus contestaciones		

Para desarrollar un autoconcepto positivo debemos tener en cuenta tres aspectos importantes que, aunque pueden ser tratados por separado, lo cierto es que están estrechamente ligados. Nos estamos refiriendo a la autoestima, al autoconcepto y, cómo no, a la asertividad.

Si la autoestima se define como el concepto que una persona tiene de sí misma, esto nos lleva a pensar que necesita del autoconcepto para poder ser reforzada, y, si esto es así, la mejor estrategia ha de partir, en un primer momento, por saber cuánto conoce el sujeto sobre su persona y la correspondencia que existe entre su percepción y la que de él tienen los demás. Por otro lado, la mejor forma de entender el término autoestima es hacer mención a sus características:

- Sentirse a gusto consigo mismo.
- Sentirse importante. Tú eres importante.
- Tú eres diferente.
- Estar feliz por las cosas adecuadas que haces.
- Aceptar las dificultades e intentar solucionarlas.
- No desanimarse cuando las «cosas no van bien».

Para empezar cualquier tipo de entrenamiento, primero hay que delimitar el campo a entrenar y seguir un proceso que nos lleve a conseguir la meta propuesta. Por tanto, si el objetivo es conseguir que nuestros alumnos tengan una alta autoestima o, lo que es lo mismo, una autoestima positiva, empezaremos haciendo una análisis introspectivo que nos permita conocernos sin miedo ni tapujos.

Ejercicio 1. Aprende a conocerte

Para saber cuánto valor nos otorgamos, debemos aprender a mirarnos por dentro y por fuera. Nos es muy sencillo decir cómo son los demás; sin embargo, si alguien nos pregunta cómo somos, se hace un silencio porque nos cuesta definirnos; incluso

> **PASOS PARA SOLUCIONAR PROBLEMAS**
> - Crear una atmósfera efectiva.
> - Clarificar percepciones.
> - Apuntar a necesidades individuales y grupales.
> - Instituir un poder positivo compartido.
> - Aprender de los errores de cara al futuro.
> - Generar diversas propuestas de solución.
> - Realizar acuerdos beneficiosos.
> - Ponerse en marcha.

Una técnica muy útil en la resolución de conflictos es el Rolle Playing, a través del cual se escenifica un problema en el que cada parte asume un rol. El resto de los participantes del grupo actúan de observadores y anotan aquellos aspectos de la representación que para ellos han sido más significativos y después se hace una puesta en común:

1. Los actores explican cuál o cuáles han sido sus emociones y sentimientos cuando representaban el conflicto.
2. Se comentan con el gran grupo los resultados de las observaciones y se clarifican posturas hasta llegar a un consenso.

9.3. Refuerzo de la autoestima

Hablar de la autoestima implica a su vez hablar de autoconcepto.

¿Cómo podemos saber si nuestro nivel de autoestima es alto o bajo sin preguntarnos primero si nuestro autoconcepto es positivo o negativo?

Entrenar a los alumnos para reforzar su autoestima es relativamente fácil si sabemos cómo hacerlo.

a) Hacer un análisis compartido de aquellas situaciones en las que los alumnos deban ser competentes en el inicio y/o mantenimiento de las relaciones interpersonales, tales como:

Ejercicio para realizar en clase.

El profesor introduce un dilema:

- Pedir favores, peticiones o cambios de conducta a otras personas.
- Aceptar o rechazar críticas de los demás.
- Ponerse en lugar de los demás.
- Ser capaz de expresar quejas y de hacer cumplidos.
- Trabajar en equipo, sobre todo en situaciones de conflicto o enfrentamiento.

b) Plantear al alumno, de forma individual, en cuál o en qué situaciones de las descritas anteriormente se siente fuerte y en cuáles débil.

c) Realizar trabajos en equipo donde todos los alumnos tengan la oportunidad de participar, expresarse y compartir experiencias.

9.2. Resolución de conflictos en el aula

El conflicto forma parte de nuestra vida cotidiana, es el resultado inevitable de una sociedad altamente compleja, competitiva y muchas veces litigiosa. En nuestras relaciones personales, cada cual tiene sus propias ideas, opiniones y, por supuesto, necesidades. Cómo abordar nuestras diferencias con otros puede determinar la calidad de nuestras vidas. Mientras que algunos conflictos son simplemente molestias menores que aceptamos como un componente natural de nuestra existencia, otros evitan que nuestras relaciones se realicen en todo su potencial y algunos llegan a ser tan severos que causan irreparables daños a individuos, familias, medios laborales y comunidades enteras.

9.1. Entrenamiento en habilidades sociales

¿Qué son y para qué sirven?

Para poder entrenar en habilidades sociales, primero deberíamos definirlas: «las habilidades sociales son las conductas que manifestamos en situaciones de relación con otras personas». En estas interrelaciones expresamos los sentimientos, actitudes, deseos, ideas, opiniones y derechos, respetando a la vez el derecho que los que interactúan con nosotros también tienen.

Estas conductas, llamadas socialmente habilidosas, contribuyen a prever conflictos, a evitarlos y a solucionarlos cuando se presentan.

Si el alumno es un poquito tímido, un poco vergonzoso, solitario, o un poco agresivo, debemos enseñarle a mejorar sus relaciones con sus amigos y compañeros haciendo diferentes actividades. Si, por el contrario, el alumno/a es extravertido, animado y le gusta relacionarse, mediante estas actividades puede mejorar sus habilidades.

Para implantar un programa de desarrollo de las habilidades sociales deberemos enseñar a nuestros alumnos varias estrategias, a saber:

CAPÍTULO 9
Cómo prevenir conductas de acoso: programa antibullying

3. Hable sobre el tema con tu hijo de la forma más abierta posible, recuerde que también necesitará que sus padres lo escuchen.
4. Investigue por qué su hijo es un acosador.
5. Colabore con los profesores y escuche todas las críticas sobre su hijo, éstas no son porque sí, estarán justificadas.
6. Averigüe cuáles son las compañías de su hijo, dónde va y qué hace.
7. Déjele claro cuál será el castigo si el acoso persiste.
8. Cerciórese de que no acusa a otros de su comportamiento.
9. Enséñele nuevas pautas de conducta. Solicite un informe psicológico y colabore con el especialista en lo que necesite. Es probable que establezca un programa de modificación de conducta, para lo cual será fundamental la colaboración familiar.
10. Hágale saber que lo quiere aunque desapruebe su comportamiento, pero insista en que le ayudará para que no vuelva a comportarse así jamás.

a un psicólogo, ayudará al niño y a la familia a abordar el problema emocional.

5. Si el acoso persiste, acuda a un abogado. Le informará de lo que legalmente puede hacer.

6. Ante todo, mantenga la calma, no se excite delante del niño, demuéstrele que todo se solucionará, sea firme y positivo.

Hasta ahora nos hemos centrado en el papel de los padres con posibles niños víctimas de acoso; pero, ¿qué pasa cuando tu hijo es el acosador?

Si es difícil asumir que nuestro hijo es víctima de acoso, sea éste del tipo que sea, más difícil es aceptar que pueda ser un maltratador.

A la mayoría de los padres les cuesta reconocer algún aspecto negativo en la conducta de sus hijos, ya que automáticamente se culpabilizan, piensan que no han «sabido educarle», «no le han prestado demasiada atención» o «no le han dedicado mucho tiempo». Pero pensarlo no implica la capacidad de reconocerlo, de hecho, en estos casos, se suele justificar la conducta del hijo culpando a otros de su comportamiento.

Es de suma importancia que estos padres investiguen y colaboren con el Centro Educativo para averiguar la base de su conducta y poder solucionar el problema de la forma más inmediata posible. No se trata de castigar al niño por que sí, se trata de ayudarle a comportarse de otro modo; por tanto, los padres jamás deberán utilizar la violencia con el niño acosador para corregir su conducta, sin duda estarían reforzando lo negativo de la misma.

Éstas serían las recomendaciones ante la sospecha de un posible acosador:

1. No ignore la situación; mantenga la calma y preocúpese por ayudar a su hijo.

2. Anímele a dar el primer paso, reconociendo su error y pidiendo perdón a su víctima.

5. Educar en la adquisición de habilidades sociales para aprender a comportarse con los demás.

En el caso de que los padres tengan la sospecha de que su hijo pueda estar siendo acosado por otro u otros niños, no deben decirle:

a) «Ocúpate de solucionar tus problemas». Hable con él y prométale que le ayudará a resolverlos.

b) «Claro..., si fueras de otro modo, esto no te pasaría». Dígale que él no es culpable de esta situación.

c) No lo rechace. Demuéstrele cariño y, sobre todo, no oiga, escuche lo que tiene que decirle sin interrumpirle.

Las recomendaciones ante la sospecha de una víctima de acoso serían:

1. Preocúpese de lo que está ocurriendo y solicite información del colegio, tutor, otros profesores, otros padres y de los padres del acosador, poniendo en su conocimiento la versión de su hijo.

    Hágalo civilizadamente; es mejor obtener la colaboración de todos para poder investigar el caso antes de hacer juicios apresurados.

2. No aliente a su hijo a que sea agresivo o tome venganza.

    Conviene aconsejarle que es mejor denunciar los hechos a sus profesores y/o tutor. Adviértale que, si quiere, usted está dispuesto a acompañarle.

3. Enséñele respuestas asertivas para enfrentarse a la situación.

    Practique distintas alternativas con su hijo en casa.

4. Si su hijo/a manifiesta conductas ansiosas después de haber hablado abiertamente del tema y ve que la ayuda familiar no es suficiente para superar el trauma, llévelo,

Desde el PROPAE se invita a las familias a conocer y/o hacer uso de los recursos existentes en los centros escolares para orientarlas en materia de prevención del acoso escolar o, lo que es lo mismo, enseñar a sus hijos a mantenerse alejados del bullying. Para realizar esta labor, el mejor medio es a través de cursos y reuniones de la Escuela de Padres y Madres.

Un ejemplo de este tipo de reuniones estriba fundamentalmente en proporcionar una guía básica de detección del problema:

1. Crear un canal abierto de comunicación y confianza con los hijos donde éstos puedan expresar sus sentimientos libremente de todo lo bueno y lo malo que estén viviendo. La comunicación es el elemento fundamental en este nivel.

2. Estar alerta de síntomas fáciles de camuflar, con argumentaciones varias: nerviosismo (por algún acontecimiento novedoso), falta de apetito («he merendado mucho y en el colegio también he comido mucho»), insomnio (el niño se levanta inquieto durante la noche, pero los padres no se dan cuenta de ello), bajo rendimiento escolar («las asignaturas son muy difíciles»), fobia (inventar alguna dolencia para no ir al colegio), etc. Observar los comportamientos, los estados de ánimo y los cambios en los hábitos de los niños suele ser buen predictor de conductas futuras. A este nivel, la observación desempeña un papel importante.

3. Controlar y supervisar las conductas de sus hijos. Tomar interés de con quién y a dónde va, qué hace, cuáles son sus intereses, etc. La observación, junto con el interés manifiesto, evitará muchos peligros. Observación e interés van de la mano.

4. Determinar los límites y las normas aplicando consecuencias en su incumplimiento. Éstas deben ser claras y perfectamente entendidas por los niños. El factor primordial para el desarrollo de una buena conducta es el cumplimiento de límites y normas elementales.

Educar para la vida, lo que incluye transmisión de normas y valores, parte del seno familiar donde el niño está inmerso y es el primer lugar donde se producirá su primer contacto de socialización. Es una tarea muy difícil, ya que esta responsabilidad se aprende con el día a día en los cuidados del niño.

Está más que demostrado que, en muchísimos casos, el origen de la violencia en niños puede residir en las condiciones en las que el niño se desenvuelve en su entorno familiar. La exposición continua a modelos violentos, la ausencia del padre o la madre, la carencia de vínculos afectivos, la falta de supervisión y control de la conducta de sus hijos fuera del colegio, el desconocimiento del tipo de relaciones sociales que éstos mantienen y, no menos importantes, una disciplina demasiado dura que dificulta la comunicación, así como la repetición sistemática de tensiones y peleas familiares, serían ejemplos que pueden contribuir a que los niños desarrollen conductas agresivas.

> *La responsabilidad que los padres tenemos en materia de prevención del acoso escolar no es solamente velar para que nuestros hijos no caigan en manos de otros, sino, también, evitar que puedan convertirse en verdugos de otros.*

CAPÍTULO 8
El papel de los padres

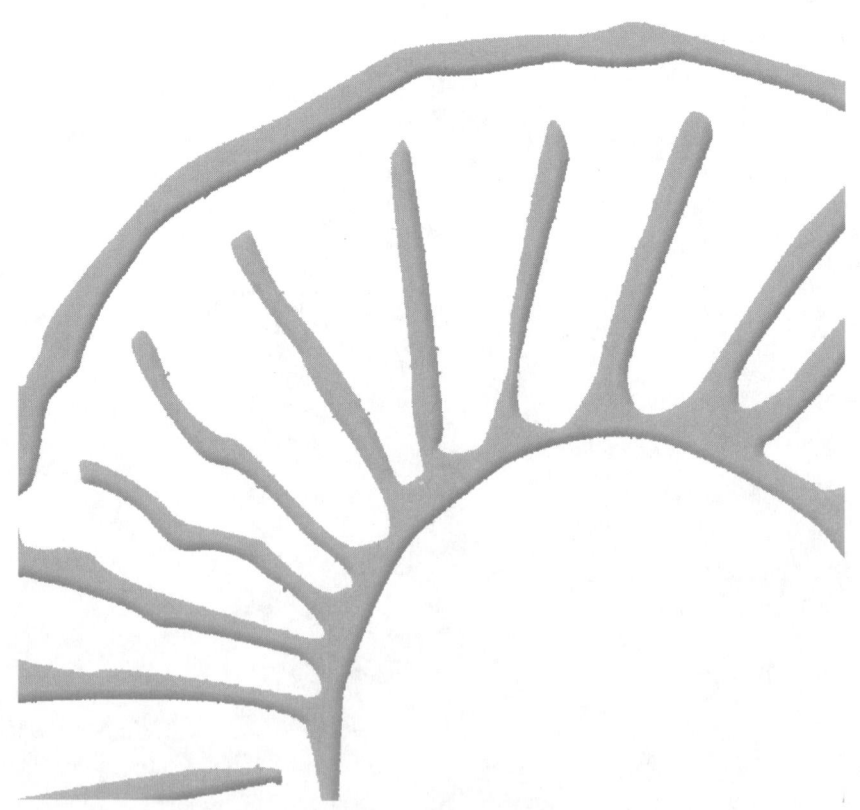

que si un alumno/a, por obra u omisión, es partícipe en algún momento de este tipo de situaciones, no habrá distinción a la hora de aplicar el castigo conveniente ni en el caso de una agresión física o verbal, como en el caso de incitar o simplemente observar dichas conductas sin ponerlas en conocimiento de un adulto, ya sea personal del centro o no (agentes familiares).

La Comunidad Educativa, en general, y, dentro de ésta, los docentes, en particular, tendremos que adoptar distintas respuestas de afrontamiento para el abordaje de este fenómeno, ya que nos encontramos ante niños/as que no han alcanzado la edad de 14 años, y como el hecho se produce sobre todo en el ambiente académico, tendremos que abordarlo desde aquí, ya que éste configura nuestro entorno laboral y, como un conflicto laboral, tendremos que resolverlo.

de que solucionarán el problema; es más, conviene explicar que ese tipo de contagio social, donde lo que prima es la omisión de la denuncia y generalmente se atribuye al miedo a ser rechazado por el grupo, será igualmente sancionado por encubridores, ya que implica cooperación pasiva en el maltrato. Del mismo modo, se debe informar a toda la clase de que el centro dispone de medidas judiciales para abordar el bullying, entre las que destacan otras vías de acoso como son los mensajes SMS o de correo electrónico amenazantes... (véase anexo I).

Cuando tratemos de informar a los alumnos sobre temas de acoso debemos hacer hincapié en el papel tan importante que ejerce la comunicación. Debemos pronunciarnos y remarcar en nuestro mensaje que somos muy conscientes de que la posible víctima puede estar tan asustada que no se atreva a dar este paso (comunicar conductas de acoso), puede que ni siquiera sea capaz de compartir con otros esos sentimientos de indefensión que interioriza porque la pérdida de autoestima y el miedo a que la situación empeore le llevan a sufrir en silencio la agresión. También debemos recordarles que, en estos casos, es normal que el niño/a genere un cúmulo de tensión que puede hacerle pensar que merece todo lo que le está pasando. El modo en el que trasmitamos esta información es crucial para que el niño/a sienta que su problema lo saben otros, note que entendemos lo que le pasa y, lo más importante, se dé cuenta de que podemos ayudarle, lo cual facilita la identificación del problema para el adulto, ya que estos comportamientos se tornan invisibles a los ojos de los mayores; además, debemos tener en cuenta que, en la mayoría de casos, las agresiones físicas o no existen, o son tan leves que no dejan una huella aparentemente visible, con lo que la situación empeora, agravándose el problema.

En definitiva, se trata de que el profesor ejerza un papel vital en la detección de conductas de acoso y de que éste utilice, además de su autoridad formal, su autoridad práctica para hacerles llegar el mensaje de que no están solos y que pueden hablar con ellos siempre que lo deseen. Han de poner en su conocimiento que, además, no van a tomar represalias contra ellos por denunciar este tipo de conductas; es más, conviene recalcar

muy importante, ya que la falta de respeto, la humillación, amenazas o la exclusión entre el personal docente y los alumnos llevan a un clima de violencia y situaciones de agresión; por ello, la disciplina en situación de aula es algo a trabajar de forma constante e interactiva, y ésta debe hacerse entre profesor-alumno, alumno-profesor y alumno-alumno.

Ante situaciones y/o comportamientos disruptivos, el profesor debe ser el líder, el cabecilla que corte de raíz la situación problemática, y para ello necesita el apoyo del Centro Educativo donde realiza su labor profesional, que respalde al ciento por ciento a su equipo docente cuando los padres pidan explicaciones sobre las medidas que se han adoptado con su hijo. Ante ocasiones donde la tensión puede alcanzar límites insospechados, el profesor debe contar con todo el apoyo que necesite, no se trata de que éste haga su «santa voluntad» e invente castigos que no puedan aplicarse. Se trata de establecer pautas disciplinarias donde las medidas sancionadoras estén perfectamente explicitadas, se pongan en conocimiento de toda la Comunidad Educativa y sean cumplidas por todos los integrantes del centro, desde el propio alumno hasta el profesor.

A pesar de lo expuesto anteriormente, conviene hacer hincapié en el hecho de que es el Centro Educativo el máximo responsable de adoptar medidas que incluyan planes de prevención, así como de establecer las estrategias oportunas que permitan evitar y/o minimizar conductas disruptivas en las aulas. Por su parte, los profesores tendrán la obligación de vigilar y poner en práctica las normas establecidas por el centro.

7.1. Recomendación para profesores

El profesor debe convencer a sus alumnos de que el primer escalón para superar el maltrato es que la víctima haga frente a su agresor denunciándolo. Por tanto, el profesorado debe abordar el tema en toda su dimensión (implicación del centro, del equipo docente...) con el objetivo de transmitir a sus alumnos confianza para que puedan explicar la situación y la seguridad

La teoría organicista considera al hombre como un organismo que se desarrolla por sí mismo en un ambiente propicio y adecuado, y considera que el alumno debe ser la parte activa en su proceso de enseñanza/aprendizaje, participando de manera individual o conjunta, cooperando en todas las tareas, a la vez que irá adquiriendo el conocimiento, las habilidades y la comprensión. Para ello, tiende a aumentar la relación entre el maestro y el alumno, considerando la participación del mismo, aconsejándolo y supervisándolo.

Este modelo propicia la tolerancia y el respeto mutuo entre todos los integrantes del grupo. La relación maestro-alumno se tornará en una relación humana en la que el centro de toda acción e intención es el respeto a la dignidad de la persona, ayudando a que él mismo descubra la naturaleza de su mundo. Pues bien, aunque ésta parece una situación ideal, las circunstancias nos obligan a tener cuidado a la hora de trabajar con este modelo, puesto que el alumno puede confundir el propósito del mismo interpretando que existe una relación bidireccional simétrica entre él y su educador; esto conduciría a un conflicto a la hora de poner y acatar la disciplina en el aula, lo que propiciaría que el docente perdiera su autoridad práctica, necesaria para ejercer la autoridad formal.

Una de las mayores cuestiones que debe tener en cuenta el profesorado, es el tratamiento que se da a los alumnos; éste es

CAPÍTULO 7
Responsabilidades de los profesores

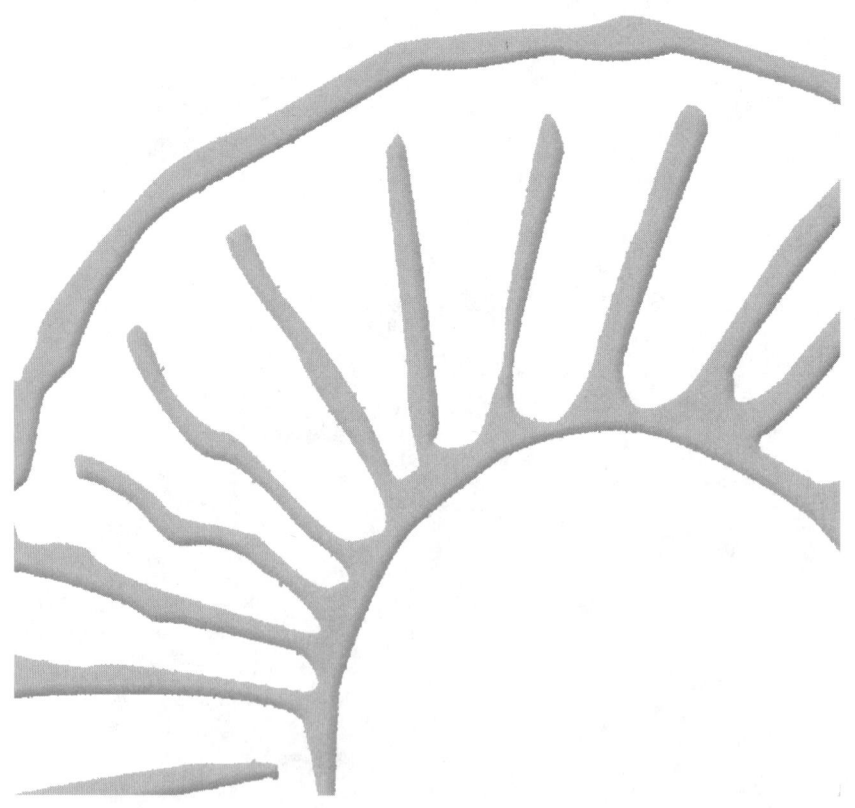

- Disponer de las herramientas necesarias para que el personal docente pueda intervenir de una forma rápida, directa y contundente en el caso de que haya alguna sospecha de acoso escolar y pueda proteger a la víctima.
- Abordar cuestiones relativas a temas relacionados con conductas antisociales incluidas en la Programación de Aula a corto plazo...

6.1. Compromiso legal

> *Los centros docentes tienen la responsabilidad de garantizar espacios seguros para que los menores puedan cursar sus estudios y disfrutar de las horas de recreo en paz, libres de agresiones y vejaciones (véase anexo I).*

Por lo que se refiere a la parte legal, y según disposición del Fiscal General del Estado, 6 de octubre de 2005... (véase anexo I), los Señores Fiscales defenderán la interpretación conforme a la cual es posible demandar ante el Juez de Menores, como responsables civiles, a los titulares de centros docentes de enseñanza por los daños y perjuicios derivados de delitos y faltas cometidos por los menores de edad durante los períodos de tiempo en que los mismos se hallen bajo el control o vigilancia del profesorado del centro, desarrollando actividades escolares o extraescolares y complementarias.

pautas de comportamiento. Pero, para ello, no basta con pedir disciplina a nuestros alumnos, también el centro debe ser riguroso en marcarse unas pautas disciplinarias que engloben la vigilancia de las dependencias donde es fácil que se den este tipo de agresiones; por tanto, deberá realizar una constante supervisión del patio, comedor, aulas, pasillos, lavabos y todas aquellas dependencias donde sea fácil que se realicen conductas de este tipo. Es necesario estar atento y no dejar pasar nada por alto o pensar que todo es normal y puede quedar en una broma.

Si el centro piensa utilizar recursos para prevenir el acoso en la escuela, deberá ser muy exhaustivo a la hora de elegir los instrumentos y/o las vías que faciliten esta labor. Además, es preferible que no adopte ninguna medida si con el paso del tiempo se relaja y minimiza y/o reduce su compromiso de actuación. No debemos olvidar que, ante los cambios, las personas nos ponemos en «guardia», pero si, pasado un tiempo, nos damos cuenta de que no son lo suficientemente seguras o que el centro ya no les da la importancia del primer momento en que se implantaron, nosotros dejaremos de ver que están ahí y nos serán indiferentes; por tanto, las medidas dejarán de tener el efecto que se pretendía en el momento de su implementación.

En definitiva, lo que pretendemos a través de este programa es ayudar a los Centros Educativos a:

- Establecer reglas para evitar el bullying.
- Informar sobre la base penal (véase anexo I) de las repercusiones judiciales que conllevan conductas de acoso.
- Establecer y mantener asignaturas de educación en valores, utilizando diversas técnicas para su abordaje.
- Fomentar la comunicación entre profesor/alumno para facilitar la denuncia por parte de un alumno/a de situaciones en las que se dañe su integridad, entre las que se incluya conductas de acoso, tanto si es la víctima como si es un mero observador de la situación, proponiendo para ello varias vías: tutorías, buzón…

que: «hombre..., los chicos se pelean, no cabe duda, pero aquí no se ha detectado ningún caso de acoso...». En principio, esta respuesta puede ser adecuada; no obstante, también puede ser incorrecta si no se ha hecho una valoración pormenorizada de la situación. Por ejemplo, si hacemos preguntas del tipo ¿en qué grado se controlan las dependencias del colegio (aseos, pasillos, patio...)? o ¿dónde es fácil que el agresor intimide a su víctima?, las respuestas que obtenemos ya no son tan claras. Pero esto no es de extrañar, puesto que se trata, en su mayoría, de un acoso invisible para los adultos; por tanto, es difícil que los profesores tengan conocimiento de lo que está sucediendo. Esta falta de control físico y de vigilancia debe cubrirla el centro. En los pasillos, debe haber siempre alguien, profesores o cuidadores, para atender e inspeccionar a los alumnos. Por este motivo, es imprescindible que los Centros Educativos dispongan de los recursos apropiados, entre ellos, y como prioritario, la formación del profesorado sobre conductas de acoso, para evitar que éstas formen parte de la convivencia diaria en el entorno escolar.

Aquí hacemos un breve repaso de lo que una conducta de acoso puede suponer:

a) El bullying puede ser sexual cuando existe asedio, inducción y abuso sexual.

b) Puede tratarse de una exclusión social cuando se ignora, se aísla y se excluye al otro.

c) Puede ser psicológica cuando existe persecución, intimidación, tiranía, chantaje, manipulación y amenazas al otro.

d) Puede ser física cuando se golpea, empuja o se organiza una paliza.

Si queremos contemplar todos los factores que explicarían una conducta de agresión y/o acoso, deberemos tener en cuenta el modelo de disciplina que rige en nuestro Centro Educativo, ya que este aspecto es fundamental en la construcción de buenas

1. Hace mención al proceso de desarrollo sociomoral y emocional en relación con el tipo de vínculos que los estudiantes establecen con sus iguales.
2. Desarrollo psicosocial, el cual implica las relaciones interpersonales, las dinámica socioafectiva de las comunidades y los grupos dentro de los que viven los alumnos y las complejidades propias del proceso de socialización de los niños y los jóvenes.
3. La dimensión educativa, que incluye:

    a) La configuración de los escenarios y las actividades en que tienen lugar las relaciones entre iguales.

    b) El efecto que sobre dichas relaciones tienen los distintos estilos de enseñanza.

    c) Los modelos de disciplina escolar.

    d) Los sistemas de comunicación en el centro y en el aula.

    e) El uso del poder.

    f) El clima socioafecivo en que se desarrolla la vida escolar.

Aunque todas estas dimensiones son de vital importancia a la hora de entender los comportamientos disruptivos en las aulas, la dimensión educativa adquiere un papel crítico para los centros de enseñanza, al igual que para el profesorado, ya que resulta fundamental poder ser capaces de identificar cuáles son los aspectos que configuran la vida del aula y de la escuela en torno a las relaciones interpersonales de nuestros alumnos y en los modelos y patrones de convivencia para poder atender en la posible prevención de comportamientos violentos, agresivos, de acoso y/o de maltrato; en definitiva, de conductas específicas que parecen estar relacionadas con la aparición de fenómenos de comportamiento antisiocial.

Si preguntamos en cualquier centro escolar sobre los casos de bullying del centro, nos encontraremos con la respuesta de

Hoy día, los episodios de violencia y/o acoso que sufren los niños en las escuelas europeas, y entre ellas las escuelas españolas, independientemente de que sean públicas, o privadas, han demostrado tener una gran capacidad de atraer a la atención pública, hasta el punto de configurarse como un fenómeno de «alarma social», y, como tal, se intenta buscar respuestas en algún sitio, que en el caso de nuestra sociedad no es otro que en la Comunidad Educativa.

Si tenemos en cuenta que la escuela representa el primer lugar fuera del entorno familiar donde el niño desarrolla sus capacidades de comunicación y de relación (perspectiva del desarrollo del conocimiento social), tendremos que prestar especial atención a las relaciones interpersonales que se dan en la misma, sin descuidar el propósito último para lo que fueron creadas; esto es, la transmisión del conocimiento.

Para valorar los aspectos que influyen sobre el comportamiento antisocial en las escuelas se deben analizar una serie de cuestiones que giran en torno al desarrollo evolutivo del niño en el contexto escolar.

Desde el punto de vista teórico (Ortega, 1995, 1996 y 1997), se establecen tres dimensiones, a saber:

CAPÍTULO 6
Implicación de los Centros Educativos

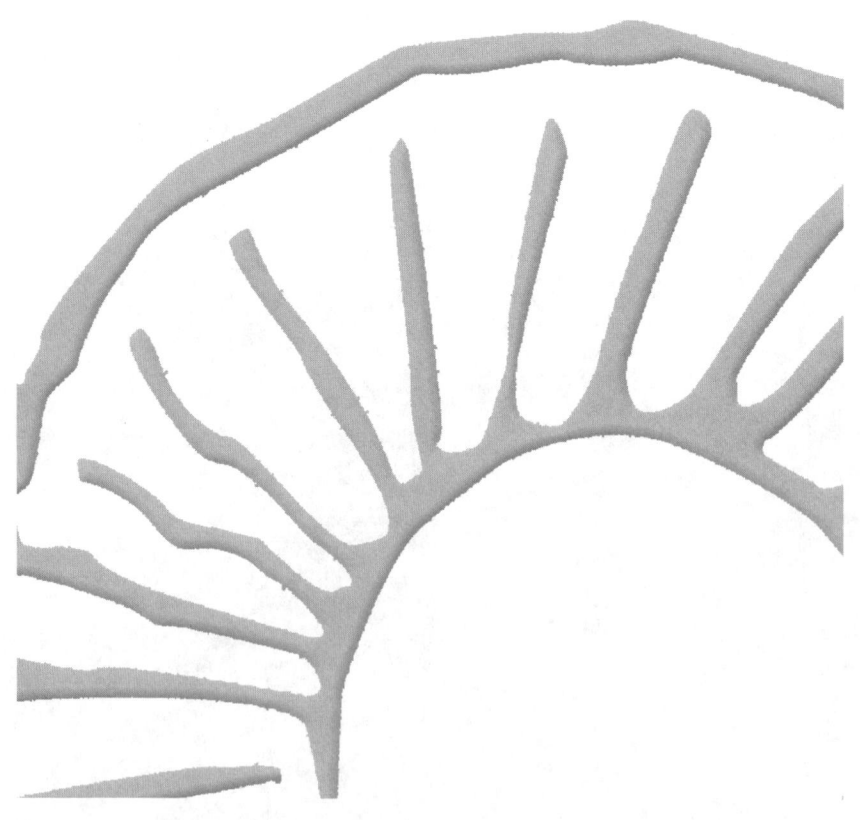

b) Métodos permisivos. Totalmente contrario al anterior, este modelo destaca por dar paso a la expresión y la creatividad; por supuesto, se toman en cuenta los sentimientos y las opiniones del niño, dándole la oportunidad de tomar decisiones acerca de si hace o no la tarea, o de si quiere colaborar en las labores domésticas, entre otras cosas. En este sentido, se establecen pocas o ninguna regla, por lo que no se administran consecuencias, ya que se cree que el niño aprenderá por la experiencia; esto demuestra que este modelo no tiene en cuenta la falta de capacidad que tiene el niño para autorregular su conducta y tomar decisiones a largo plazo, circunstancia que puede generar ansiedad, inseguridad y poca capacidad para satisfacer sus necesidades, además de no reconocer la importancia de las cosas. Algunos niños que se desarrollan siguiendo este modelo no logran adaptarse a las normas sociales y tienen frustración por la falta de herramientas para enfrentarse a la vida, ya que con este tipo de educación no se crean habilidades sociales ni se fomenta la asertividad, con lo que los niños carecen de una estructura clara y firme para lograr objetivos y mantenimiento de relaciones sociales positivas.

Según la explicación anterior, convendría establecer un modelo que aunara los aspectos positivos de las dos vertientes, atendiendo a las características personales de cada niño, sin descuidar el establecimiento de normas, a la vez que se potencian otras habilidades a través de los aprendizajes de participación y cooperación, utilizándolos como herramientas que hagan posible valores como la crítica, la apertura a los demás y el respeto a los Derechos Humanos.

El establecimiento de la disciplina no sólo es bueno, sino necesario para hacer del niño una persona íntegra, con principios y valores que le hagan ser consecuente con sus actos.

por un momento difícil que por sí solo no puede resolver y que habrá que descubrir para poder ayudarle.

5.3.1. Factores de riesgo

En apartados anteriores, hacíamos mención a los factores de riesgo en las conductas de acoso. Realizábamos una descripción de aquellas situaciones que eran propicias para desarrollar este tipo de conducta y destacábamos la importancia del ambiente familiar en la adquisición de hábitos violentos, además de otros factores que convenía tener en cuenta. Del mismo modo, consideramos que el ambiente familiar donde se desarrolla la víctima puede ser determinante a la hora de asumir como suyos comportamientos directivos de otros. Como esto, dicho así, puede parecer complejo, y en verdad lo es, vamos a tratar de explicarlo de la forma más sencilla posible. A saber: contemplemos para la explicación los métodos de enseñanza que suelen utilizar los padres. Por un lado, nos encontramos ante los métodos rígidos, y, por otro, ante los métodos permisivos.

a) *Métodos rígidos.* En este modelo lo que priman son las reglas demasiado estrictas y, por consiguiente, no se toman en cuenta las necesidades del niño ni sus opiniones, ya que, en este sentido, los adultos siempre tienen la razón y son, y/o representan, las figuras de autoridad. El niño es entrenado para seguir instrucciones y obedecer, lo cual puede parecer una ventaja en la medida que se puede lograr cierta estabilidad y predictibilidad de su conducta; sin embargo, lo que se logra es que estos niños crezcan sin iniciativa, tengan poca capacidad para tomar decisiones y poca creatividad, a la vez que se impide fomentar la responsabilidad. La consecuencia más inmediata de la práctica de este método es que el niño puede llegar a ser rebelde, tener una pobre autoestima o ser dependiente de la opinión de otras personas.

jamos llevar por el entorno y actuamos para sentirnos reconocidos por otros.

Siguiendo con el hilo conductor, las consecuencias del acoso escolar para las víctimas son muchas y profundas, ya que éstas se hacen notar con una evidente baja autoestima, actitudes pasivas, trastornos emocionales de gran envergadura, cambios bruscos en su personalidad, problemas psicosomáticos, depresión, ansiedad, pensamientos suicidas, etc. Cuando un niño está siendo víctima de acoso, la pérdida de interés por las cosas, en general, y por los estudios, en particular, puede desencadenar una situación de fracaso escolar, así como la aparición de cuadros fóbicos de difícil resolución…, y, peor aún, estos niños pueden desarrollar estrategias de afrontamiento convirtiéndose también en agresores.

Las personas que estamos en contacto directo con la enseñanza sabemos que el aprendizaje vicario es el que antes se instaura, porque es el que nos permite obtener resultados más rápidos; así, del mismo modo que el niño adopta comportamientos del adulto (aprendizaje por imitación), la víctima puede aprender que con este modo de ejercer la violencia puede conseguir los mismos resultados que otros consiguen con él.

Los especialistas señalan que cuando un niño con comportamiento normal, de forma inesperada, presenta un cuadro psicológico aparentemente deprimido, triste o afligido y se sobresalta por cualquier cosa durante un tiempo prolongado, poniéndose de manifiesto en su conducta síntomas físicos como dolores de estómago o pecho, dolor de cabeza recurrente, presenta ojeras por falta de sueño, deseos de vomitar y llanto constante, y, además, falta repetidas veces a clase o ha bajado su rendimiento escolar y no hace ningún esfuerzo para que no se le note, estamos ante un niño/a que está demandando ayuda aunque no la pida. Es posible que nos encontremos ante una víctima del bullying. Sin embargo, antes de poner etiquetas, conviene hacer una valoración del niño que nos indique si estamos o no en lo cierto. En cualquier caso, si todas estas circunstancias se dan, sin lugar a dudas, el niño/a está atravesando

nerlo. Hay niños que por sus rasgos personales se convierten en presa fácil para su agresor; por ejemplo, poseer alguna característica física que pueda ser motivo de burlas por sus compañeros. Hablamos de niños inseguros, tímidos o introvertidos que a veces se manifiestan indefensos. Estos niños no han desarrollado estrategias de habilidades sociales con las cuales puedan integrarse en el grupo y, generalmente, se desarrollan en solitario. Pero los niños agresores no actúan solamente contra aquellos que físicamente son diferentes del resto, como: ser «gorditos» o «bajitos» o «llevar gafas»...; también son presa fácil aquellos niños que sacan buenas notas y que se relacionan poco con el grupo, o niños que sólo interactúan con niñas.

Estos niños, posibles víctimas de acoso, suelen presentar:

- Escasos recursos o habilidades para reaccionar ante situaciones comprometidas.
- Poca sociabilidad y son sensibles y frágiles, por lo que son propensos a convertirse en «esclavos» del grupo.
- Acatamiento de las normas que los más fuertes les imponen por miedo, por vergüenza o por conformismo; de este modo se convierten en los más perjudicados por las amenazas y agresiones que sufren.

Todos estos factores pueden configurar los rasgos característicos de la personalidad de estos niños, de tal modo que es fácil para el agresor identificarlos y, así, poder utilizarlos para ejercer el poder que necesita para satisfacer sus necesidades.

No debemos olvidar que el sentido de pertenencia, de sentirse identificado con otro u otros es muy importante en la edad escolar; de hecho, es en los primeros años de la niñez cuando se desarrolla este concepto, que va cambiando con el tiempo en función del grupo de referencia. Así, a veces, desarrollamos patrones de comportamiento que el único propósito que tienen es el beneplácito del grupo al que pertenecemos, y no juzgamos la dimensión ética ni moral del bien y del mal; solamente nos denes y problemas. Por otro lado, no debemos olvidar que también tiene una característica definitoria, es precavido ya que, para llevar a cabo sus acciones, en la mayoría de casos, utiliza a otros niños más vulnerables. Es decir, se alía con niños más débiles e inmaduros que le faciliten la labor; así, de ser descubierto, siempre podrá echar la culpa de sus actos a otros.

Si analizamos la argumentación anterior, cabe pensar que suelen ser niños tan vulnerables como sus víctimas. La diferencia estriba en que los agresores saben que lo son y lo utilizan para conseguir un «beneficio», mientras que la víctima, en un primer momento, no sabe que lo es; algunos no lo descubren «nunca».

El problema del acoso entre iguales, requiere abordar la situación de forma multidisciplinar en la que se tenga en cuenta todos y cada uno de los aspectos que han configurado la personalidad del niño, ya que, de no utilizar las herramientas adecuadas para su intervención y/o tratamiento, se puede incurrir en el error de estar reforzando precisamente aquellas conductas que se pretenden extinguir; dicho de otro modo, cabe la posibilidad de que la ayuda pueda no ir bien encaminada a que estos niños aprendan a resolver sus conflictos intrapersonales, lo que contribuiría a que este patrón de comportamiento se mantenga y se conviertan en «maltratadores» en potencia cuando son adultos.

Según el profesor Iñaki Piñuel, y refiriéndose al Mobbing, el perfil del acosador adulto responde al de un «psicópata organizacional» que emplea técnicas de ataque sutiles, manipula el entorno para conseguir aliados entre los compañeros de trabajo o su silencio ante esa situación e intenta «trepar» rápidamente para, desde esa posición, ejercitar mejor su acoso. Se ha visto que muchos de ellos ya eran hostigadores en el colegio.

5.3. Perfil de la víctima

Cuando un niño utiliza sutilmente la agresión para obtener algún beneficio, ya sabe lo que quiere y de quién puede obte-

5.2.1. Factores de riesgo

Según los expertos criminalistas y psicólogos, un niño puede ser autor de bullying cuando:

- Espera y quiere que hagan siempre su voluntad.
- Le gusta probar la sensación de poder.
- No se siente bien o no disfruta con otros niños.
- Sufre intimidaciones o algún tipo de abuso en casa, en la escuela o en la familia.
- Es frecuentemente humillado por los adultos.
- Vive bajo constante presión para que tenga éxito en sus actividades.

Cuando un niño, influido por su ambiente, reúne estas características, desarrolla un patrón de comportamiento que le reporta determinadas ventajas a la hora de enfrentarse a su mundo. Es una lucha de fuerzas en las que, por un lado, opera la víctima que lleva dentro (cuando no sabe o no puede enfrentarse a esos adultos que le hacen daño) y, por otro, la necesidad de doblegar al débil para reconocerse a sí mismo como fuerte, ejerciendo la acción contra su víctima de diversas formas: le golpea, le molesta, le provoca, le acosa con empujones y golpes, le nombra de una forma desagradable o despectiva, le genera rumores, mentiras o bulos, le aísla del grupo, le ofende y le anula.

Si hiciéramos un análisis retrospectivo de la situación, veríamos que el niño agresor proyecta en otros su propia debilidad, ejerciendo en su víctima la misma fuerza que otros están ejerciendo contra su persona; en definitiva, utiliza la única defensa que conoce como estrategia de adaptación a su medio. Lo que realmente está demostrando este niño es que tiene un nivel de autoestima muy bajo y un sentimiento hostil hacia los demás, lo que le induce a descargar en sus compañeros sus frustracio-

levisión, que, además de fomentar la violencia, han olvidado la transmisión de valores en tanto en cuanto priman conductas que rayan en la intolerancia, falta de respeto (tómese como ejemplo «la casa de gran hermano») y adquisición de aspectos económicos y materiales como resultado de increpar a otros (ejemplos evidentes de los programas del corazón). Por otro lado, la adquisición, a edades cada vez más tempranas, de juegos/videojuegos donde el objetivo se alcanza siendo el más rápido y violento, con lo que se desarrollan técnicas para alcanzar los objetivos cada vez más agresivas.

Si tenemos en cuenta todo lo anterior, podríamos representar, siguiendo un mapa conceptual, el desarrollo de conductas disruptivas:

Este modelo que nosotros presentamos se fundamenta en una relación circular de causa-efecto, donde las causas son producidas tanto por factores internos como por factores externos al niño, y los efectos por las respuesta que éste emite ante la situación de conflicto.

5.2. Perfil del acosador

Generalmente, cuando hablamos de bullying tendemos a pensar que éste se da en zonas menos favorecidas y, en consecuencia, el nivel de conflicto es mayor; lo cierto es que el bullying se hace notar en cualquier contexto, ya que no entiende de distinciones sociales o de sexos. Este fenómeno se da igual entre niños que entre niñas, aunque sí es verdad que en el perfil del agresor destaca el de los varones.

Los autores coinciden en señalar que estos niños:

— Tienen un comportamiento provocador y de intimidación permanente.
— Poseen un modelo agresivo en la resolución de conflictos.
— Presentan dificultades en ponerse en el lugar del otro.
— Tienen poca empatía.

El ambiente en el que vive el niño tiene una influencia casi decisiva en su comportamiento, ya que muchas veces son víctimas de abusos y malos tratos, carecen de afecto y se educan en un entorno familiar problemático, en el que es habitual la falta de atención y control de los padres. Cuando estos niños no se sienten queridos, tratan de suplir esta carencia utilizando la violencia como medio para conseguir algún fin, alcanzar protagonismo o sentirse respetados. Pero cuando el autor del bullying ejerce esta acción, no contempla las repercusiones de sus actos, ya que éstos dificultan la convivencia con los demás niños, lo que, a su vez, le incita a actuar de forma impulsiva, intolerante, autoritaria y violenta, con lo cual, vuelve a encontrarse en el punto de partida inicial —suplir una carencia afectiva, de aceptación—. Al no saber perder, necesitan imponerse a través de la fuerza, que es la que les confiere el poder.

Por otro lado, debemos tener en cuenta que, en el desarrollo de conductas agresivas, operan otros factores no menos importantes que el señalado anteriormente. Sin duda, nos estamos refiriendo a la influencia que ejercen algunos programas de te-

IV. Obtener información a través de los padres. Es de suma importancia conocer el entorno familiar del niño/a. Los patrones de conducta que éstos desarrollan en casa están sujetos a valores, creencias y actitudes que los padres transmiten a sus hijos, lo cual es necesario para el completo desarrollo del niño, ya que establecen una relación paterno-filial positiva.

Ahora bien, cuando el entorno familiar es una fuente de conflictos, los niños experimentan serios problemas de adaptación y manifiestan conductas de indisciplina que les llevan a adoptar comportamientos disruptivos, a veces encubiertos, en todos los ámbitos de su vida: académico, afectivo, emocional y familiar.

- **Tercero.** *Valoración del Gabinete Psicopedagógico.* Si con toda la información obtenida estamos en situación de emitir un juicio sobre bullying, debemos remitir al niño al especialista del centro para que averigüe cuáles son las causas que le han llevado a comportarse de este modo.

  Dependerá de la habilidad del psicólogo detectar la veracidad de su argumentación y tendrá que planificar concienzudamente la estrategia a seguir con el niño/a en cuestión.

- **Cuarto.** Comunicar a la familia los resultados obtenidos por todas las partes implicadas en la valoración del niño/a. Se convocará una reunión a la que asistirán todo el equipo que ha participado *en la valoración del niño*, los padres y el director/a del centro, el cual será el encargado de transmitir los resultados obtenidos a los padres del alumno/a, con las consiguientes recomendaciones para su tratamiento.

  Este punto, lo que pretende es informar a los padres del problema que tiene su hijo/a para que, en colaboración con el centro, se establezcan pautas que ayuden al niño a entender, contener y expresar adecuadamente sus emociones.

1. *Elaboración de un sociograma* (a modo de práctica) por parte del grupo del aula donde esté inmerso el niño/a. Este instrumento posee un gran valor, ya que la información que representa son las distintas relaciones que se establecen dentro de los grupos. Además, de este modo, el posible agresor o posible víctima, que también elaborarán el sociograma, desconocerán el objetivo real de la práctica (identificar niños violentos o sumisos).

2. *Redacción:* opinión personal sobre los sujetos que maltratan, utilizan la violencia, los abusos... y la justificación de su conducta.

    Objetivo: crear un conflicto cognitivo en el niño que nos permita valorar sus opiniones ante estas situaciones.

3. *Dramatización de la violencia.* Utilizaremos la técnica del role-playing para escenificar una situación de acoso. Utilizaremos como protagonista, y en el papel de víctima, al niño/a que estamos evaluando.

    Objetivo: hacer un registro de su conducta durante la representación.

II. Estrategias de identificación y elementos para la intervención a través del TEST BULL-S. Con este test, de aplicación colectiva, que evalúa la agresividad entre escolares (Cerezo, 2000), se persiguen tres objetivos fundamentales:

   — Facilitar el análisis de las características socioafectivas del grupo.

   — Ayudar al profesorado en la detección de situaciones de abuso entre escolares.

   — Elaborar propuestas de intervención.

III. Entrevista personalizada con el niño/a. La entrevista será semiestructurada para que el niño/a no sepa la verdadera intención de la misma, y ésta versará sobre los resultados obtenidos en la fase anterior.

presenta el niño y que se corresponden con la sintomatología específica del Síndrome de Estrés Postraumático Infantil cuando algún suceso ha sido de vital importancia para él, que, hasta ahora, no había tenido en cuenta la posible existencia de causas en los comportamientos de hostigamiento en el ámbito escolar. La diferencia radica en que la manifestación del Síndrome de Estrés Postraumático es propia de un daño y no de características premórbidas de los niños.

En definitiva, a la hora de establecer un diagnóstico diferencial de las posibles causas que llevan a un niño a desarrollar los síntomas descritos anteriormente, debemos ser cautos en su interpretación y valorar todas las variables que están influyendo en su entorno.

5.1.1. Cómo actuar

Cuando advertimos que en la personalidad de un niño/a se dan varios de estos indicadores, tanto si es agresor como víctima, debemos:

- **Primero,** observar sus modos de comportamiento en varias situaciones dentro del contexto escolar (aula, patio, en solitario, en grupo...), por todos y cada uno de los profesores que interactúan con él.

- **Segundo,** si los resultados de la observación son coincidentes por varios miembros del equipo docente, se elaborará un «Plan» que consistirá en establecer unos parámetros de búsqueda de información personalizada e individualizada con posibilidad de tratamiento, que puede reunir los siguientes criterios:

    I. Obtención de información a través del grupo. Se pueden utilizar varias vías para la obtención de este tipo de datos:

El niño/a víctima

Si tenemos en cuenta los indicadores que se han expuesto en el apartado anterior, cabe pensar que, del mismo modo, existirán unos marcadores que puedan identificar a las posibles víctimas del acoso. En este sentido, podríamos argumentar que es fácilmente asumible que existen pautas características en el desarrollo evolutivo de algunos niños/as que puedan confundirnos en el momento de determinar si están siendo víctimas de algún tipo de agresión. Es por esta razón que convendría clarificar las siguientes:

1. Fobia escolar: *se confunde debido al terror intenso que presenta el niño al ir al colegio. Éste es uno de los síntomas nucleares del Síndrome de Estrés Postraumático.*
2. Estrés escolar: *se confunde con el tipo de estrés postraumático que suelen presentar.*
3. Síndrome de retorno al colegio. *Enmascarado por la verdadera razón del regreso.*
4. Problemas de adaptación al centro.
5. Déficit en habilidades sociales.
6. Separación de los padres, *debido a las alteraciones y cambios que se producen en la personalidad...*

En todos los casos en los que un niño/a está siendo víctima de acoso se suelen dar situaciones como las citadas anteriormente que pueden inducir a error, en tanto en cuanto pueden ser explicadas por otras causas.

Sin embargo, debemos poner especial atención en aquellos casos en que se perciba un trastorno de la personalidad (puede ser debido a las alteraciones que se producen en la misma provocadas por el acoso); neurosis (debida a la labilidad emocional y de ajuste general); depresión (debida a los cambios en el estado de ánimo); trastornos de ansiedad generalizada; baja autoestima, etc.

Generalmente, estos indicadores se tienen en cuenta en el diagnóstico clínico para describir situaciones conflictivas que

17. Rehúsa asumir alguna o total responsabilidad por sus malos actos.
18. No demuestra culpa, remordimiento o vergüenza por sus acciones.
19. Miente para estar afuera del problema.
20. Alega ser mal comprendido, no respetado y ataca a otros antes de ser atacado.
21. Hace ambiguas interpretaciones y comentarios inocentes y hostiles para herir o usa eso como excusa para golpear o hacer sentir mal al otro.
22. Prueba la autoridad y espera a ver qué se hace ante la infracción o falta.
23. Rompe y desvirtúa las reglas de la escuela a propósito.
24. En general, es desafiante con la autoridad, en especial con los adultos.
25. Responde más a las acciones negativas que a las positivas.
26. Atrae la atención negativa más que otros estudiantes.
27. En las acciones de la calle, es astuto, listo y muy habilidoso.
28. Tiene altos autoconcepto, automerito y autoestima.
29. Principalmente, busca su propio placer y su beneficio propio.
30. Es antisocial y carece de destrezas sociales.
31. Tiene dificultad para ajustarse a las reglas del grupo.
32. Tiene una red de apoyo que le sigue en todo.
33. Tiene problemas en el hogar y en la casa. No desarrolla destrezas de buena conducta.

(Extraído del libro de Allan L. Beane, «Bully Free Classroom; over 100 tips and Strategies for teachers K-8 Free Spirits, 1999.)

En este sentido, es importante que el profesorado sepa interpretar estos indicadores y pueda valorarlos de un modo objetivo para poder decidir, con conocimiento de causa, si son susceptibles de tener o no en cuenta, y no que por desconocimiento se quede ante ellos emitiendo una respuesta de castigo que en muchos casos no pasa de una simple llamada de atención.

El niño/a agresor

1. Se siente con poder y control sobre los demás.
2. Busca dominar y manipular a compañeros/as.
3. Es muy popular y envidiado/a por sus compañeros.
4. Podría ser físicamente más grande y fuerte que los demás del grupo. Es impulsivo.
5. Le encanta ganar en todo. Odia, a toda costa, perder. Es ambas cosas, mal ganador y mal perdedor.
6. Parece sobrelimitar la línea de respeto. Logra ser respetado por miedo.
7. Parece tener poca o ninguna empatía con otros.
8. Parece no tener compasión con los demás.
9. Parece imposible ver la perspectiva de otros.
10. Parece dispuesto a abusar de otras personas para conseguir lo que quiere.
11. Defiende sus conductas negativas echándole la culpa a otros. Dicen: «Se lo merecen», «Lo provocaron», «Lo pidieron»... Nunca acepta su responsabilidad.
12. Le gusta esconder sus malas conductas a los adultos. Busca un culpable.
13. Le emociona, excita y agrada crear conflictos en otros.
14. Se mantiene frío y calmado ante conflictos provocados por él. No existe empatía y solidaridad.
15. No demuestra emoción por el conflicto.
16. Le echa la culpa a los demás por sus problemas.

Aunque la realidad expuesta de este modo parezca muy dura, no debemos desalentarnos, sino aprender a enfocar el problema desde ambos frentes; es decir, «niño/a agresor» y «niño/a víctima».

En el apartado siguiente se exponen una serie de indicadores que pueden ayudar al adulto, y sobre todo al profesor, a detectar conducta de acoso, ya que pueden ser factores que predispongan al alumno a desarrollarse como un agresor incondicional de su entorno más inmediato. Hasta ahora, algunas conductas de acoso, como, por ejemplo, las burlas y peleas, se han venido interpretando como «cosas de niños». En cierto modo, esto es así y no debe tener mayor importancia, siempre y cuando todos los implicados estén manifestando la misma conducta y ésta no sea lesiva para ninguno, porque lo que demuestran es que existe una relación bidireccional-simétrica; es decir, ambas partes son iguales y esto forma parte de su crecimiento y/o desarrollo. Sin embargo, cuando entre dos niños estas manifestaciones adoptan roles distintos, poder-sumisión, y este rol se mantiene en el tiempo, debemos estar alerta y empezar a preguntarnos qué está pasando, «por si acaso».

5.1. Pautas para detectar conductas de acoso

Para evitar los problemas que tienen los niños maltratados por acoso escolar hay que poner especial interés en aquellas manifestaciones, tanto conductuales como físicas y emocionales, que puedan albergar un atisbo de acoso, agresión o maltrato. Para ello, algunos autores, con los que estamos de acuerdo, exponen una serie de indicadores que se pueden conceptualizar como señales o pilotos de atención y/o alarma que pueden indicar una situación de alto riesgo en conductas de acoso. Aunque estos indicadores pueden ser de utilidad, hay que tener en cuenta que por sí solos no son suficientes para demostrar la existencia de acoso, sino que, además, debemos considerar, en el caso de que se den, la frecuencia de las manifestaciones, cómo, dónde y con quién se producen.

Cuando algunos de los comportamiento de los niños traspasan los límites de lo que comúnmente aceptamos como bromas y éstas se convierten en formas despiadadas y/o despreciables de ataque vejatorio para otro u otros niños, estamos ante conductas de Bullying, sobre todo si éstas se mantienen en el tiempo y son recurrentes. Al igual que la planta de nuestro ejemplo (parte introductoria del manual), que cuando se ha visto privada de los recursos que necesita para vivir acaba muriendo, el niño víctima de acoso también muere poco a poco por dentro, ya que todos los elementos que configuran su personalidad se han visto dañados. En este sentido, nuestro deber es recuperar al niño y ofrecerle todas las posibilidades para retomar las riendas de su vida, ayudarle a resolver sus conflictos intra e interpersonales y evitar con ello una desgracia mayor.

Igual de importante es tener en cuenta al niño agresor. No debemos olvidar que «el maltratador no nace, se hace», y aunque llegar al origen de su comportamiento agresivo nos parezca competencia de otros, la Comunidad Educativa, en su totalidad, debe prestar especial atención a estos niños, porque, sin duda, tampoco han sabido resolver sus conflictos internos, lo que muy probablemente les haya llevado a desarrollar este patrón tan característico de comportamiento, en el que la obtención de «beneficio personal» se antepone a cualquier otra cosa.

CAPÍTULO 5
El acoso escolar: Bullying

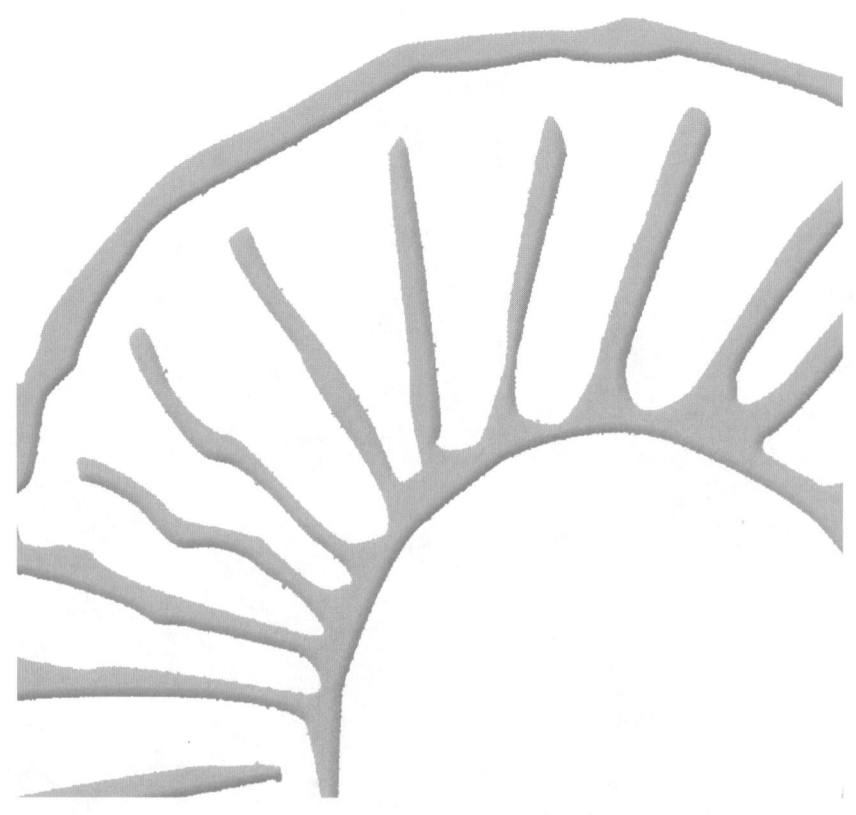

A partir de este momento es cuando entramos en contacto directo con una problemática mucho más compleja de relación e interrelación con los iguales en la que el dominio de otro se convierte en un problema de difícil solución para algunos. Esto se podría justificar con las noticias que desde hace relativamente poco tiempo se vienen transmitiendo desde los distintos medios de comunicación y han suscitando el interés de toda la comunidad. Las noticias versan sobre una nueva forma de maltrato cuyos efectos están causando secuelas que, en muchos casos, son imposibles de superar sin ayuda de un experto. Nos estamos refiriendo al acoso escolar o maltrato psicológico en las aulas, o, como muchos autores lo denominan, BULLYING, que nosotros vamos a etiquetar con el nombre de «monstruo oscuro», ese monstruo que ya se ha cobrado alguna que otra víctima (véase anexo II: Noticias sobre acoso).

Pues bien, ante este monstruo existen distintas alternativas para hacerle frente que a lo largo de este trabajo intentaremos abordar, proponiendo varias estrategias que permitan detectar este tipo de conductas y, así, poder ayudar a las partes implicadas, ya que no debemos olvidar que no sólo la víctima necesita ayuda, el agresor/acosador también.

> *Tanto el agresor como el acosado sufren. Por tanto, ambos necesitan ser escuchados, atendidos y tratados.*

negligente. Los niños que sufren maltrato tienen múltiples problemas en su desarrollo evolutivo, así como déficits emocionales, conductuales y sociocognitivos que le imposibilitan un desarrollo adecuado de su personalidad, de ahí la importancia de detectar cuanto antes el maltrato y buscar una respuesta adecuada que ayude al niño en su desarrollo evolutivo.

Por su parte, si nos ceñimos a la **violencia en las aulas,** para explicar la problemática actual podríamos identificar distintos tipos de maltrato y/o agresión que pueden sufrir los escolares, que pueden tener su origen en conductas socialmente aceptadas. Para ello, convendría realizar algunas aportaciones de lo que supone una conducta «agresiva» en términos de normalidad, en tanto en cuanto forman parte del desarrollo evolutivo del niño. A saber: las manifestaciones de agresión cambian con la edad, así como la forma de interpretarla por el propio proceso madurativo del niño; es decir, en los primeros años de escolaridad, el niño, para requerir un objeto, utiliza la fuerza atacando a otros para alcanzar su objetivo. Aunque este comportamiento no denota una verdadera manifestación de la conducta agresiva, se puede encuadrar en lo que algunos autores llaman **agresividad instrumental** (Latorre y Muñoz, 2001).

Conforme se va produciendo el desarrollo del niño, en interacción con su ambiente, estos autores sustituyen, en muchos casos, la agresión física por una agresión verbal, como consecuencia de la adquisición del lenguaje. Con el dominio del lenguaje se produce un establecimiento de «jerarquía de dominios» en el que se reconoce un sistema de rango social aceptado por todos los miembros, en el cual algunos de ellos tienen poder sobre todos los demás... El reconocimiento de esta subordinación disminuye el número de agresiones físicas... Por otro lado, a medida que los niños se vuelven físicamente más fuertes y, por tanto, más capaces de causar daño real, recurren a sus habilidades o destrezas crecientes en el lenguaje como una alternativa segura y menos lesiva. Así, las herramientas de agresión cambian de los golpes a insultos a medida que los problemas cambian de querer un objeto a pretender establecer una posición o una actitud respecto a otros (Latorre y Muñoz, 2001).

(en forma de penetración o tocamientos) para considerar que existe abuso, sino que puede utilizarse al niño como objeto de estimulación sexual. Se incluyen aquí el incesto, la violación, la vejación sexual (tocamiento/manoseo a un niño con o sin ropa, alentar, forzar o permitir a un niño que toque de manera inapropiada al adulto) y el abuso sexual sin contacto físico (seducción verbal, solicitud indecente, exposición de órganos sexuales a un niño para obtener gratificación sexual, realización del acto sexual en presencia de un menor, masturbación en presencia de un niño, pornografía...).

- **Abandono emocional:** situación en la que el niño no recibe el afecto, la estimulación, el apoyo y la protección necesarios en cada estadio de su evolución e inhibe su desarrollo óptimo. Existe una falta de respuesta por parte de los padres/madres o cuidadores a las expresiones emocionales del niño (llanto, sonrisa...) o a sus intentos de aproximación o interacción.

- **Síndrome de Münchhausen por poderes:** los padres, madres y cuidadores someten al niño a continuas exploraciones médicas, suministro de medicamentos o ingresos hospitalarios, alegando síntomas ficticios o generados de manera activa por el adulto (por ejemplo, mediante la administración de sustancias al niño).

- **Maltrato institucional:** se entiende por malos tratos institucionales cualquier legislación, procedimiento, actuación u omisión procedente de los poderes públicos, o bien derivada de la actuación individual del profesional, que comporte abuso, negligencia o detrimento de la salud, la seguridad, el estado emocional, el bienestar físico, la correcta maduración o que viole los derechos básicos del niño y/o la infancia.

Ante cualquiera de estas manifestaciones de maltrato, el niño no sabe defenderse; es más, no sabe pedir ayuda, y esto lo sitúa en una posición vulnerable ante un adulto agresivo y/o

El acoso es un fenómeno universal que siempre ha existido pero nunca antes se había abordado en su totalidad. Por ejemplo, hasta hace unos años, en los anuncios de prensa, o en los telediarios, las noticias más frecuentes hacían mención al maltrato que los niños recibían por parte de los adultos, generalmente por sus padres, cuidadores o alguien que, sin ser un miembro de la familia, se sentía cercano a ellos. Entre las conductas de violencia que los niños han sufrido —y siguen sufriendo— cabe destacar:

- **Maltrato físico:** acción no accidental de algún adulto que provoca daño físico o enfermedad en el niño, o que le coloca en grave riesgo de padecerlo como consecuencia de alguna negligencia intencionada.

- **Abandono físico:** situación en la que las necesidades físicas básicas del menor (alimentación, higiene, seguridad, atención médica, vestido, educación, vigilancia...) no son atendidas adecuadamente por ningún adulto del grupo que convive con él.

- **Abuso sexual:** cualquier clase de placer sexual con un niño por parte de un adulto desde una posición de poder o autoridad. No es necesario que exista un contacto físico

CAPÍTULO 4
Distintos tipos de maltrato/agresión/acoso

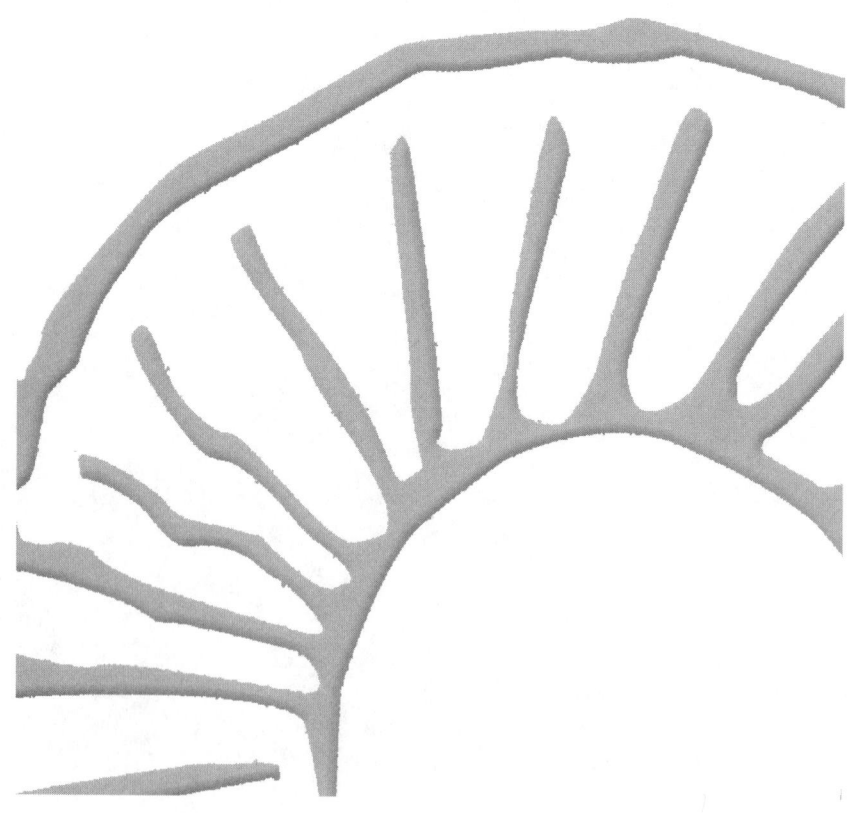

mediato. Por ejemplo, cuando a un niño le duele algo, es fácil que nos lo comunique y que identifique perfectamente la zona que se ve afectada por el dolor. Por el contrario, cuando un niño sufre por acoso, lo más difícil es comunicar, poder explicar por lo que está pasando; se siente desesperanzado porque piensa que si cuenta lo que le pasa, seguramente, lo culparán a él, y no se atreve a contar los actos de los que está siendo víctima, lo cual se convierte en un problema añadido a la hora de poder identificar y/o poder tratar las consecuencias que generan estos comportamientos. Por tanto, el desconcierto, la alta frustración y el nivel tan alto de desesperanza se convierten en la tónica que guía las conductas de los afectados, minimizando sus respuestas para defenderse y generando un desequilibrio interno que puede revertir en un cuadro clínico de ansiedad y estrés patológico.

Según el Informe Cisneros VII (2005), el acoso se manifiesta por un comportamiento de persecución y hostigamiento continuado y persistente que se materializa en ocho tipos de conducta:

1. Comportamientos de desprecio y ridiculización.
2. Coacciones.
3. Restricción de la comunicación y ninguneo.
4. Agresiones físicas.
5. Comportamientos de intimidación y amenaza.
6. Comportamientos de exclusión y de bloqueo social.
7. Comportamientos de maltrato y hostigamiento verbal.
8. Robos, extorsiones, chantajes y deterioro de pertenencias.

comportamientos agresivos de maltrato psicológico van acompañados de continuadas persecuciones y hostigamiento en los que son frecuentes burlas, extorsiones, chantajes, engaños, intimidaciones, amenazas y agresiones físicas, como empujones, patadas, pellizcos, etc. Por otro lado, la exclusión y el bloqueo social suelen ser algunos de los factores más poderosos en las conductas de acoso, así como la acumulación de estrés que la persona genera en este tipo de situaciones, que el organismo no es capaz, por sí solo, de regular para mantener un mínimo de equilibrio que le permita seguir funcionando coherentemente. Así, todos estos factores negativos, cuando se producen de forma reiterada, conllevan, sin que la víctima pueda evitarlo, un exceso de estrés y ansiedad que, mantenido durante largo tiempo, puede provocar situaciones en las que el niño sienta que es incapaz de solucionar los problemas que le han llevado a ese estado y tenga pensamientos suicidas, llegando incluso a materializar el acto si no ve salida a su vida.

Generalmente, cuando una persona se siente acosada, experimenta sentimientos de desesperanza, frustración, indefensión y, finalmente, estrés, ansiedad y depresión, independientemente de que sea un niño o un adulto; sin embargo, el adulto puede tener estrategias personales que le lleven a resolver estas situaciones negativas de una forma beneficiosa para él. Pero si todos estos síntomas los trasladamos a un menor, convierten al niño en un ser muy vulnerable y presa fácil para que su acosador siga cebándose en él con mayor saña. Su vida es fácilmente manipulable y está a merced de aquellos que le hacen daño. En una situación semejante, en la que el niño es incapaz de comprender lo que le está sucediendo, es muy poco probable que desarrolle estrategias de afrontamiento ante estas circunstancias tan enigmáticas por las que atraviesa.

Uno de los mayores problemas con el que se encuentran las personas que sufren algún tipo de acoso es que no saben ni a quién ni cómo explicar lo que les pasa, entre otras cosas porque cuando vienen a darse cuenta de su sintomatología, ésta ha mermado considerablemente las capacidades básicas que cualquier ser humano necesita para desenvolverse en su entorno más in-

> *Un continuado y deliberado maltrato verbal y modal que recibe un niño por parte de otro u otros, que se comportan con él cruelmente con el objeto de someterlo, apocarlo, asustarlo, amenazarlo y que atentan contra la dignidad del niño.*

A partir de este momento, cuando nos refiramos al «acoso escolar», no estaremos hablando de importunar con bromas al compañero, sino que nos estaremos refiriendo al MALTRATO que recibe un niño/a como un acto de violencia que siempre va a ser psicológico, aunque, en algunos casos, se deje sentir también la violencia física y, en menor medida, la sexual. Este acto de violencia sistemática lo van a ejercer uno o varios alumnos sobre otro u otros, los cuales no se encuentran en posición de defenderse.

En cualquier caso, lo que debemos tener presente es que una conducta de acoso es una conducta agresiva, en tanto en cuanto lleva implícita una lesión, ya sea física o psicológica, para la persona; es decir, consideraremos maltrato cualquier tipo de acoso que lleve implícito un comportamiento verbal, no verbal o físico no deseado que tenga por objeto violar la dignidad de una persona, y en particular si éste crea un entorno hostil, degradante, intimidatorio, ofensivo y humillante.

3.2. Manifestaciones del acoso

La violencia y/o agresión entre los iguales adquiere diversas formas; algunas son fácilmente detectables, como el maltrato físico (cuando un niño se ceba con otro propinándole diversos golpes que dejan su huella en la cara o el cuerpo del otro). Otras formas de agresión, como el maltrato psicológico, son mucho más sibilinas y la víctima lo pasa peor, ya que se materializan con conductas ambiguas, incomprensibles y difíciles de interpretar por el niño que las padece, lo que supone un problema a la hora de explicar la situación por la que está pasando. Estos

ira, comienza a desarrollar estrategias que le permitan recuperar lo que es suyo; empieza a perseguirlo, a molestarlo y, por último, a demandar una serie de requerimientos en torno a la deuda que hacen que (Y) se sienta «acosado».

En definitiva, este patrón de conducta seguiría la siguiente secuencia:

Amenaza → Defensa → Respuesta → Acoso

Como podemos comprobar, la definición de la RALE no se ajusta en absoluto al problema con el que hoy día nos encontramos sobre el acoso; sin embargo, si buscamos el término «maltratar» en el mismo diccionario, entonces obtenemos la siguiente respuesta: «Tratar mal a alguien de palabra u obra». Si unimos varios conceptos, podemos estar de acuerdo en que acosar y maltratar forman parte de un continuo donde intervienen varios protagonistas, por un lado, el acosador/maltratador y, por otro, la víctima.

Pues bien, para adentrarnos en el tema que nos preocupa, hemos echado mano de varias fuentes que nos parecen muy acertadas a la hora de poder interpretar una conducta de acoso. Para ello, hemos elegido la definición que el Centro Internacional de la Infancia de París hace sobre el maltrato, ya que considera que el maltrato infantil es: «Cualquier acto por acción u omisión realizado por individuos, por instituciones o por la sociedad en su conjunto y todos los estados derivados de estos actos o de su ausencia que priven a los niños de su libertad o de sus derechos correspondientes y/o que dificulten su óptimo desarrollo».

Por tanto, una conducta de acoso se puede encuadrar dentro del Maltrato emocional, el cual, a su vez, puede ser definido como: «Conductas de los padres/madres, cuidadores o sus iguales, tales como insultos, rechazos, amenazas, humillaciones, desprecios, burlas, críticas, aislamiento y atemorización que causen o puedan causar deterioro en el desarrollo emocional, social o intelectual del niño».

Por su parte, el Informe Cisneros VII (2005), define el Acoso Escolar como:

3.1. Definición de acoso

La palabra acoso presenta la misma raíz que acuso. El termino *acusatio*, del latín *ad causam,* nos remite a las «acusaciones», cuyo papel es central en los comportamientos de Acoso Escolar (Informe Cisneros VII, 2005).

Si buscamos el término «acosar» en el Diccionario de la Lengua Española (RALE), nos encontramos con la siguiente definición: «Perseguir, sin dar tregua ni reposo, a un animal o persona. Perseguir, apremiar, importunar a alguien con molestias o requerimientos».

Si tenemos en cuenta esta definición, podríamos pensar que una conducta de «acoso», *per se,* puede ser interpretada como un mecanismo de defensa en tanto en cuanto se reconozca el derecho, tanto del animal como de la persona, a defenderse. Pongamos el ejemplo de una persona (X) que se encuentra en un apuro económico y otra persona (Y) le debe dinero; recurre a ella, como es lógico, pensando que entenderá su situación y le devolverá lo que es suyo. Pues bien, después de pedírselo reiteradas veces no ha obtenido resultado alguno. (X) empieza a experimentar sentimientos de intranquilidad, tensión... y piensa que si (Y) le devolviera su dinero, podría resolver sus problemas. Entre sentimientos de preocupación, desconcierto e

CAPÍTULO 3
Qué es el acoso y cómo se manifiesta

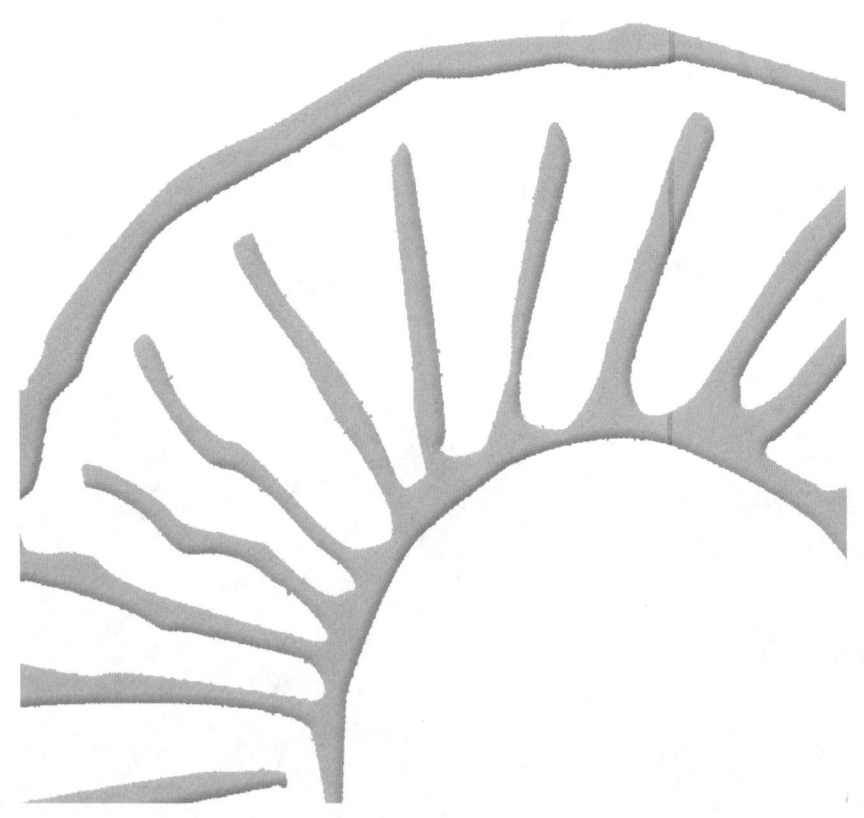

Este trabajo pretende concienciar a toda la sociedad, y en especial a la Comunidad Educativa, de la importancia que tiene poder detectar conductas de acoso, o, en su caso, conductas de sumisión, para, en un primer momento, erradicarlas en el caso de que existan y cuyo objetivo final será prevenir futuros comportamientos similares. Por tanto, el programa de prevención del Acoso Escolar (PROPAE), que se presenta y desarrolla en esta obra, tiene la finalidad de dotar, a aquellas personas interesadas en hacer un entorno escolar mejor y más saludable, de las herramientas necesarias para evitar, en la medida de lo posible, que las conductas de acoso se sigan manteniendo, o puedan proliferar en el futuro.

fras que son, a nuestro parecer, determinantes para intentar abordar el problema tomando medidas preventivas.

En España, se estima que un 1,6 por 100 de los niños y jóvenes estudiantes sufren por este fenómeno de manera constante y que un 5,7 por 100 lo viven esporádicamente. Los datos varían en función de la fuente de la que procedan y del enfoque manejado a la hora de estudiar el fenómeno. Una encuesta del Instituto de la Juventud (INJUVE), eleva el porcentaje de víctimas de violencia física o psicológica habitual a un 3 por 100 de los alumnos, y afirma que un 16 por 100 de los niños y jóvenes encuestados reconocen que han participado en exclusiones de compañeros o en agresiones psicológicas.

Las estadísticas del Defensor del Pueblo señalan que el 5 por 100 de los alumnos reconocen que algún compañero les pega, mientras que el Instituto de Evaluación y Asesoramiento Educativo (IDEA) indica que un 49 por 100 de los estudiantes dicen ser insultados o criticados en el colegio, y que un 13,4 por 100 confiesan haber pegado a sus compañeros.

Reconozcamos que lo más triste de esta situación es saber que este tipo de conductas no están desapareciendo, sino todo lo contrario, de alguna manera se están viendo reforzadas y el «acosador» se siente cada vez más seguro al poder comprobar que son pocas las medidas que hoy por hoy se están tomando; por todo ello, y a modo de reflexión, se exponen las últimas palabras que Jokin Zaberio dejó escritas en septiembre de 2004: «Libre, libre. Mis ojos seguirán aunque paren mis pies».

Jokin era un niño de 14 años que no era feliz y venía sufriendo el acoso de sus «colegas» desde hacía años. Las continuas amenazas, humillaciones, insultos, golpes y palizas, lo hicieron sufrir y lo llevaron a la muerte. El hecho hizo sonar la alarma social, política y educativa, y ha generado múltiples debates. Pero, lamentablemente, no frenaron el fenómeno. Los casos de bullying afloran. Ya es hora de tomar cartas en el asunto y no permitir que conductas como ésta formen parte de lo cotidiano de nuestras vidas, hecho que, desgraciadamente, ocurre con la violencia doméstica.

Siempre que hablamos de conducta nos estamos refiriendo a todo aquello que, ante un estímulo, es capaz de emitir una respuesta. En este sentido, no se hace distinción entre especies, puesto que cualquier organismo vivo es capaz de reaccionar, ya sea en su entorno o fuera de él; por ejemplo, si encontramos una planta en su hábitat natural que requiere la luz del sol para mantenerse viva y la transplantamos a una maceta dejándola en una habitación oscura, la planta reaccionará marchitándose y acabará muriendo. Otro ejemplo lo podemos encontrar en la especie animal irracional; es decir, si atacamos a las crías de un animal, la hembra se mostrará agresiva e intentará proteger a sus crías atendiendo a su instinto natural de supervivencia y protección de la especie. Ahora bien, en el desarrollo de la conducta del ser humano también se encuentran estos patrones de conducta, lo que significa que no son exclusivos de una especie u otra; sin embargo, sí le corresponde al ser humano, ya que está dotado de capacidad, decidir, controlar y/o modificar su comportamiento cuando éste sea lesivo para él o para los demás, en beneficio de las personas que le rodean y en beneficio propio.

El hecho de fijarnos en una conducta determinada, con unas características determinadas, como es el caso del acoso entre los niños (bullying) viene dado por el impacto que está teniendo en nuestra sociedad. De hecho, se pueden apuntar algunas ci-

CAPÍTULO 2
Introducción

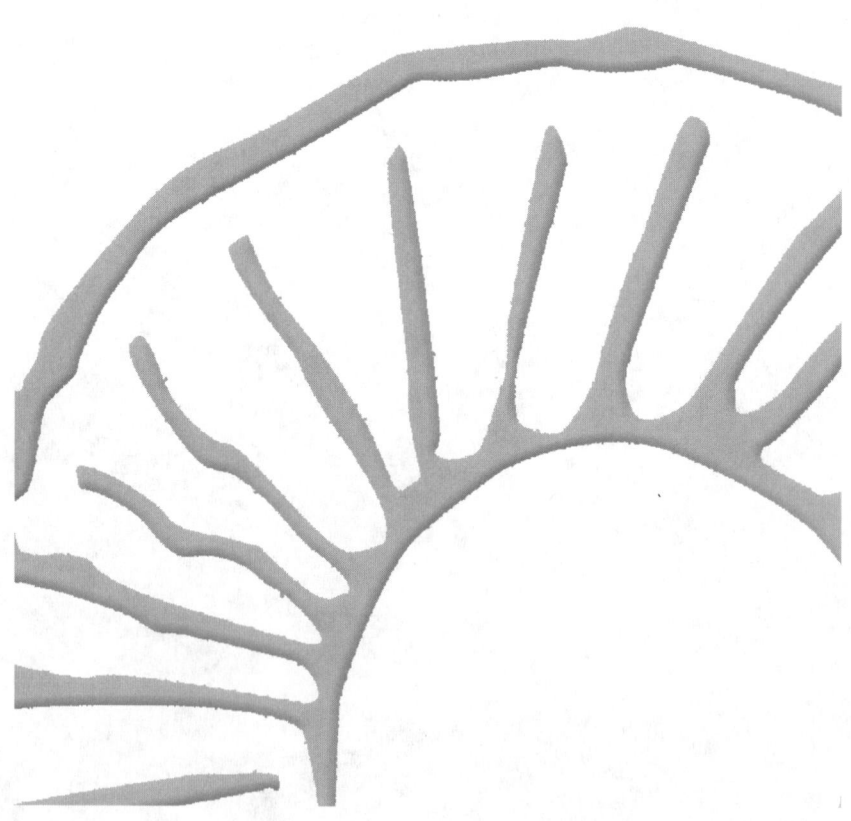

Hoy día, la figura del profesor está muy devaluada. No nos damos cuenta de que éste no tiene por qué ser médico, ni psicólogo, ni enfermero, y, sobre todo, no tiene por qué ser el guardián de nuestros hijos, pero... sí debemos reconocer que es la persona que enseña y que trasmite sus conocimientos a otros; para ello es para lo que está capacitado y ha destinado parte de su vida. Sin embargo, parece que se nos ha olvidado, o no queremos ser conscientes del verdadero esfuerzo que realizan.

Enseñan, a la vez que educan, a nuestros hijos, e intentan ayudarles a que su desarrollo sea lo más óptimo posible utilizando distintos métodos de enseñanza. Están en continuo movimiento para seguir formándose y seguir comprometidos con la docencia con el objetivo de mejorar el proceso de enseñanza/aprendizaje de sus alumnos. Y, no menos importante, se implican con los padres haciéndoles partícipes de los problemas de sus hijos, y la respuesta, en muchos casos, tal vez demasiados, es una barrera de exigencia que traspasa los límites de la impotencia. Seamos más respetuosos con todos aquellos que contribuyen al desarrollo integral del alumno y dejémosles que realicen su trabajo.

Desde que dejamos atrás el adoctrinamiento y la educación como «transacción» como modelos de enseñanza y hemos abordado la educación como un método de «descubrimiento», se ha propiciado el proceso de enseñanza/aprendizaje desde la interacción recíproca profesor-alumno y alumno-profesor, lo que ha dado pie a la participación activa en el contexto del aula.

Según la teoría organicista, que considera al ser humano como un organismo que se desarrolla por sí mismo en un ambiente propicio y adecuado, el profesor se convierte en un consultor, supervisor, consejero y guía para mejorar el camino del alumno, apoyándolo en sus habilidades y capacidades.

Esto ayudará a que se dé la tolerancia y el respeto mutuo entre ellos. La relación profesor-alumno se tornará en una relación humana, en la que el centro de toda acción e intención es el respeto a la dignidad de la persona.

En definitiva, el profesor sería como un supervisor que regulará y apoyará las actividades de los alumnos, realizará el proceso educativo y hará que el alumno descubra el bien.

A pesar de lo expuesto anteriormente, nosotros consideramos de gran importancia que todos los entes que configuran la Comunidad Educativa deben implicarse y no cargar toda la responsabilidad al profesorado.

CAPÍTULO 1
Invitación a la reflexión

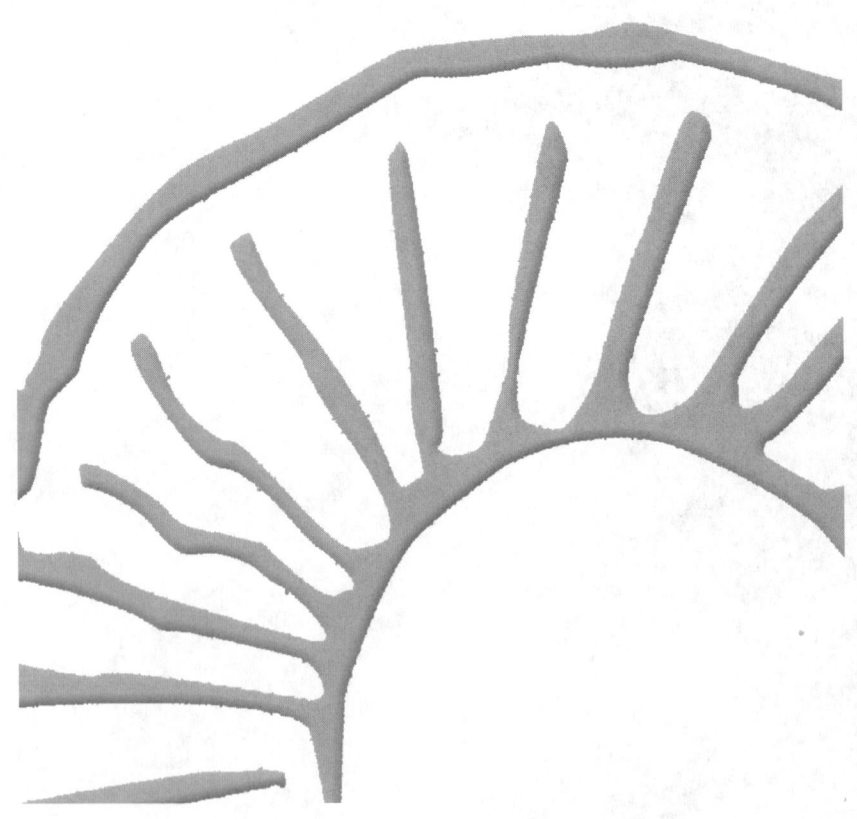

nes violentas. Es en dicho período cuando los adolescentes han de afrontar una de las principales tareas evolutivas: «la consolidación de una identidad personal».

Pero también en niveles anteriores, infantil y primaria, se suelen manifestar conductas de agresión y violencia.

Obviamente, la formación de dicha identidad a través de una filosofía de vida basada en actitudes, valores y creencias centrados alrededor de conductas y actitudes violentas va a incidir posteriormente en su desarrollo adulto, pudiendo desencadenar conductas no recomendables desde una perspectiva de la socialización.

La realidad que ponen de manifiesto las investigaciones efectuadas al respecto exige una llamada de atención a todos los participantes inmersos en el proceso educativo, ya que en los centros se producen de manera constante y reiterada actitudes y comportamientos violentos, mayoritariamente entre los propios alumnos. El aula, los patios de recreo, los pasillos y los aseos son, con una frecuencia elevada, escenario habitual de episodios violentos en los que hay agresores, víctimas y espectadores, que, en alguna medida, a veces muy intensa, quedan marcados por dichas situaciones con el consiguiente deterioro de su desarrollo personal y social.

Por todo lo expuesto, nos parece de gran interés planificar acciones de prevención que, mediante la aplicación de estrategias de intervención, posibiliten una disminución de este tipo de conductas en el contexto escolar. El programa de prevención del acoso escolar, en adelante PROPAE, que se desarrolla en este libro está diseñado en esta línea, y su aplicación puede ayudar a superar la situación en la que actualmente nos movemos, que podríamos considerar como uno de los retos de nuestros tiempos en la Psicología Escolar.

ÁNGEL LATORRE LATORRE
Catedrático E. U. Psicología evolutiva
y de la Educación.

Prólogo

El tema de la agresión y violencia en el contexto escolar preocupa en la actualidad a la Comunidad Educativa.

En el debate acerca de la violencia escolar subyacen cuestiones y retos de gran alcance y con profundas implicaciones para nuestra sociedad. Se parte de la idea de si la escuela ha sido o puede ser un instrumento de cohesión social y de integración democrática de los ciudadanos. Después de décadas de fortísima expansión y democratización educativas, mantener y afianzar el carácter inclusivo de los centros de enseñanza parece un gran desafío. Así, las medidas de atención a la diversidad, el aprendizaje de la convivencia, la educación en actitudes y valores y la educación para la tolerancia se muestran como prioridades relevantes para la educación formal. Sin embargo, el carácter no estrictamente académico de dichas prioridades se contrapone con ciertas culturas profesionales dentro de la actividad docente, y aún mucho más con ciertas posiciones en política educativa y curricular; esto es así sobre todo en el ámbito de la educación secundaria, el tramo del sistema educativo donde últimamente se concentran los grandes debates de fondo sobre educación.

En la etapa de educación secundaria obligatoria, cada vez son más frecuentes la aparición y el desarrollo de manifestacio-

8. El papel de los padres 69

9. Cómo prevenir conductas de acoso: programa antibullying... 77

    9.1. Entrenamiento en habilidades sociales 79
    9.2. Resolución de conflictos en el aula 80
    9.3. Refuerzo de la autoestima 81
        9.3.1. ¿Qué significa una autoestima positiva? 85
        9.3.2. Técnicas de asertividad: aprende a decir NO .. 91
        9.3.3. Técnicas de comunicación 92

10. Técnica de resolución de problemas 97

11. Técnicas de dinámicas de grupo 101

    11.1. Introducción 103
        11.1.1. Cosas en común 104
        11.1.2. Técnica del panel 105
        11.1.3. La servilleta 105

12. Técnicas de relajación 107

    12.1. Condiciones para comenzar la relajación 111

Anexo I. Acoso escolar. Instrucción FGE 10/2005, de 6 de octubre, sobre el tratamiento del acoso escolar desde el Sistema de Justicia Juvenil 115

Anexo II. Noticias sobre acoso 133

Lecturas recomendadas 143

Bibliografía 147

Índice

Prólogo	11
1. Invitación a la reflexión	13
2. Introducción	17
3. Qué es el acoso y cómo se manifiesta	23
3.1. Definición de acoso	25
3.2. Manifestaciones del acoso	27
4. Distintos tipos de maltrato/agresión/acoso	31
5. El acoso escolar: Bullying	37
5.1. Pautas para detectar conductas de acoso	40
5.1.1. Cómo actuar	44
5.2. Perfil del acosador	47
5.2.1. Factores de riesgo	49
5.3. Perfil de la víctima	50
5.3.1. Factores de riesgo	53
6. Implicación de los Centros Educativos	55
6.1. Compromiso legal	61
7. Responsabilidades de los profesores	63
7.1. Recomendación para profesores	66

*A mi hijo Pablo,
por la paciencia que ha tenido al acompañarme
mientras elaboraba este documento,
con la esperanza de que cuando él tenga que ejercer
labores de educación familiar,
este problema sea sólo una actitud residual
de minorías y que el respeto
por los demás esté generalizado.*

COLECCIÓN «OJOS SOLARES»
Sección: Tratamiento

Director:
Francisco Xavier Méndez
Catedrático de Tratamiento Psicológico Infantil
de la Universidad de Murcia

Diseño de cubierta: Anaí Miguel

Reservados todos los derechos. El contenido de esta obra está protegido por la Ley, que establece penas de prisión y/o multas, además de las correspondientes indemnizaciones por daños y perjuicios, para quienes reprodujeren, plagiaren, distribuyeren o comunicaren públicamente, en todo o en parte, una obra literaria, artística o científica, o su transformación, interpretación o ejecución artística fijada en cualquier tipo de soporte o comunicada a través de cualquier otro medio, sin la preceptiva autorización.

© Jerónima Teruel Romero
© Ediciones Pirámide (Grupo Anaya, S. A.), 2007
Juan Ignacio Luca de Tena, 15. 28027 Madrid
Teléfono: 91 393 89 89
www.edicionespiramide.es
Depósito legal: M. 42.812-2007
ISBN: 978-84-368-2141-3
Composición: Grupo Anaya
Printed in Spain
Impreso en Lavel, S. A.
Polígono Industrial Los Llanos. Gran Canaria, 12
Humanes de Madrid (Madrid)

Jerónima Teruel Romero

Estrategias para prevenir el bullying en las aulas

EDICIONES PIRÁMIDE

Estrategias para prevenir el bullying en las aulas